HANDBUCH

Zier- und Gebrauchsknoten

Inhalt

Titel der Originalausgabe
Knots & Splices
Zuerst veröffentlicht 2001
von PRC Publishing Ltd., London

Copyright © 2001 by PRC Publishing Ltd.
Copyright © Text 2001 by PRC Publishing Ltd.

Deutsche Erstausgabe

Copyright © der deutschen Übersetzung
2002 by Verlagsgruppe Weltbild GmbH,
Augsburg
Koordination und Bearbeitung
der deutschen Ausgabe:
NEUMANN & NÜRNBERGER, Leipzig
Übertragung ins Deutsche:
Anke Piehozki, Leipzig
Umschlaggestaltung:
Coverdesign Uhlig, Augsburg/Gersthofen
Gesamtherstellung: Neue Stalling, Oldenburg

Printed in Germany

ISBN 3-8289-2412-3

Vorwort

Jeder von uns verwendet Knoten. Setzen wir sie aber auch zweckmäßig ein? Es gibt eine große Auswahl an Knoten, und dieses Buch wird Ihnen helfen, den richtigen zu finden. Beginnen Sie bitte mit den einfachen Knoten, bevor Sie sich an die aufwendigeren wagen. Die meisten Knoten sind sehr logisch angeordnet. Aufmerksames Lesen des Textes und gründliches Betrachten der Fotos sowie der auf ihnen abgebildeten Pfeile werden Sie be-

fähigen, alle diese Knoten zu binden. Erwarten Sie nicht, sich an jeden Knoten erinnern zu können, nachdem Sie ihn das erste Mal aufgesetzt haben. Dieses Handbuch dient dazu, Ihr Gedächtnis aufzufrischen. Je öfter Sie einen Knoten verwenden, desto routinierter werden Sie ihn handhaben. Die Kunst, gute und zweckmäßige Knoten zu binden, ist ihre Mühe wert.

Ich hoffe mein Buch hilft Ihnen dabei.

Viel Glück.
Des Pawson
Ipswich, 2001

Einführung

Knoten werden seit Urzeiten von den Menschen verwendet. Dennoch ist ihr Gebrauch nicht auf den Homo sapiens beschränkt. Gorillas binden Kletterpflanzen zusammen, um sich daraus eine Behausung zu bauen. Vögel flechten ihre Nester aus Halmen und Zweigen. Der in den östlichen Gefilden des Pazifiks lebende Inger [Eptatretus stoutii] knüpft sich zum Schutz selbst in einen Knoten. Sogar in der DNS finden sich Knoten. Daneben gibt es unzählige zufällige Verbindungen von Knoten in Kletter- und anderen Pflanzen.

Schon auf den frühesten Stufen ihrer Entwicklung benutzten die Menschen gerade verfügbare Kletterpflanzen, Gräser, Tierhäute und Sehnen als primitives Tauwerk, um daraus Knoten zu machen. Die organischen Materialien haben allerdings den Nachteil, dass sie zerfallen und besondere, ja sogar extreme Bedingungen zum Überleben benötigen, so dass sich heute kaum noch Spuren davon finden. Durch eindeutige Beweise wissen wir jedoch, dass unsere frühesten Vorfahren, seien es nun Jäger oder Viehhalter, Material besaßen, mit denen sie Knoten binden konnten. Einige prähistorische, mit Löchern für Schnüre versehene Perlen und Anhänger wurden in Höhlen in Österreich gefunden. Man schätzte das Alter der Gegenstände auf etwa 300 000 Jahre. Sollte eine Schnur durch die Löcher gegangen sein, hätten ihre Enden miteinander verbunden werden müssen … durch einen Knoten! Wir wissen, dass die Menschen vor 100 000 Jahren Lederriemen zuschnitten. In China wurden Fundstücke als Nadeln identifiziert, was einschließt, dass die Menschen nähten und knüpften. Man fand 80 000 Jahre alte Speerspitzen, die an Stangen gebunden werden mussten. Die Tatsache, dass vor 40 000 Jahren ein Teil der Menschheit in zeltartigen Behausungen lebte, deutet darauf hin, dass die Menschen Knoten anfertigen mussten. Aus den 25 000 Jahre alten Ausgrabungsstätten in Sungiŕ in Russland wurden viele perforierte Perlen und Fuchszähne zu Tage gefördert, von denen man annimmt, dass sie an die Kleidung genäht wurden. Es gibt Beweise, dass europäische Höhlenbewohner zum Bemalen ihrer Wände eine Art von Schablonen benutzte, die aus vielen Knoten und Leinen bestand. In den Höhlen von Lascaux in Frankreich wurde ein kleines Fragment einer versteinerten Schnur mit zwei Strängen gefunden.

Als die Menschen über die Erde wanderten, mussten sie auch einen großen Teil Wasser überqueren. Das war nur mit einer provisorischen Segelhilfe oder einem Boot möglich, die ihrerseits wiederum Knoten und Tauwerk benötigten. Die Überquerung

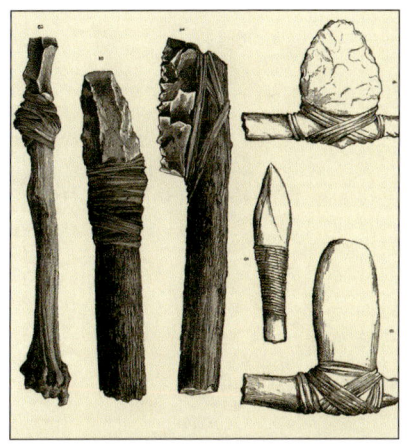

Links oben: Steinzeitwerkzeuge mit Laschings.

Oben: Hängebrücken erfordern ausgeklügelte Tauverbindungen und Knoten.

Links: Darstellung der Quipus der Inkas aus dem frühen 17. Jahrhundert.

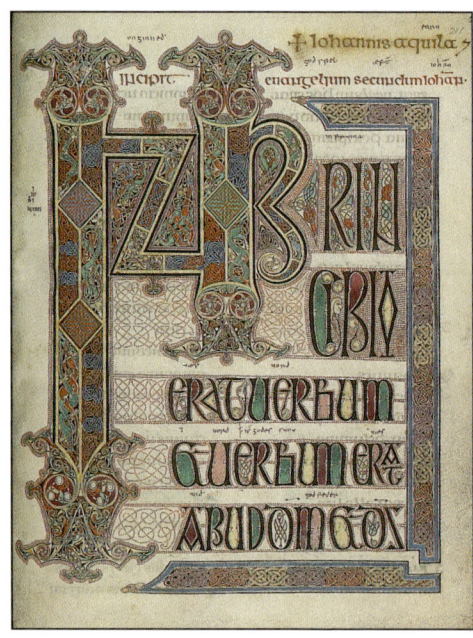

Oben: Chinesische Schmuckknoten

Oben rechts: 2000 Jahre altes Tau aus einer Papyrusstaude, das zum Transport von 68 Tonnen schweren Steinblöcken benutzt wurde.

Rechts: Die Kelten schufen wundervolle Bandgeflechte. Die Abbildung zeigt die berühmten *Lindisfarne Gospels*.

des Wassers datiert wenigstens 700 000 Jahre zurück. Vor 30 000 Jahren überquerte man die Distanz nach Australien, obwohl das älteste Boot, gefunden in einem Torfmoor in Dänemark, nur 8000 Jahre alt ist.

Der erste richtige Knoten, den man gefunden hat, war ein Schotstek zum Anfertigen eines mit Gewichten und Schwimmern ausgestatteten Fischernetzes. Man entdeckte ihn an der Landenge von Karelien zwischen Russland und Finnland. Dieser Knoten ist 9000 alt. Noch heute benutzen wir den Schotstek zum selben Zweck.

Eine ganze Reihe archäologischer Funde in dänischen Torfmooren, mit einem Alter zwischen 8000 und 3500 Jahren, haben Exemplare von Leinen und Bändern für uns bewahrt. Andere interessante Funde wurden in Verbindung mit 4500 Jahre alten Behausungen der Seeanwohner in der Schweiz gemacht.

Das Eis half beim Bewahren eines weiteren interessanten Stückes Tauwerk, welches man am Körper einer vor kurzem entdeckten, 5300 Jahre alten, in einem Gletscher eingeschlossenen Eismumie zwischen der Schweiz und Italien fand. Er hatte aus Bast gefertigtes Tauwerk und ein Netz bei sich, vielleicht zum Vogelfang. Er besaß ebenfalls ein Messer oder einen Dolch, der aus einem an einen hölzernen Griff gebundenen Feuerstein bestand. Der Griff war mit einer Kordel befestigt, damit das Messer beim Herunterfallen nicht ver-

loren ging – eine Technik, die noch heute in Gebrauch ist.

Sichere, etwa 4500 Jahre alte Beweisstücke für Knoten finden sich in den Pyramiden und Gräbern der ägyptischen Pharaonen. Die riesigen Steinblöcke, die zum Bau der Pyramiden benötigt wurden, erforderten Leinen von bemerkenswerter Stärke. Am Eingang zu einem der Gräber befand sich ein Stück Leine, das aussah, als wäre es erst gestern angefertigt geworden – ein perfektes Stück dreikardeeliges Z-geschlagenes Tau von etwa 1,2 cm Durchmesser (siehe Seite 16). An der Wand einer anderen Grabkammer entdeckte man eine 3500 Jahre alte Zeichnung, die Männer bei der Herstellung von Leinen mit einer Technik darstellte, die von einigen Einheimischen noch heute benutzt wird. In einem anderen Grab sah man ein Modellschiff, an welchem die Planken nicht zusammengenagelt, sondern zusammengeknotet waren. Hier lassen sich viele Beispiele von Knoten, Spleißen und anderem durchdachten Knüpfwerk finden, die zeigen, dass die Menschen damals sehr gut mit Leinen und Knoten umgehen konnten.

Als Xerxes 492 v.Chr. mit seiner Armee von Asien nach Europa übersetzte, beauftragte er phönizische und ägyptische Seilmacher mit der Lieferung der Taue, welche die aus Booten bestehenden Brücken zusammenhalten sollten. Aus Herodots Schilderung dieser wagemutigen Tat entnahm man, dass die Taue etwa acht oder neun Zoll Durchmesser besaßen – eine wirklich bemerkenswerte Leistung vor etwa 2500 Jahren.

Im Laufe der Zeit hat jede Zivilisation und jeder Kulturkreis eigene Beiträge auf dem Gebiet der Knoten geleistet. Die Chinesen entwickelten eine ganze Reihe hochkomplexer ornamentaler Knoten mit vielen Bedeutungen, die sowohl in der Art der Knoten als auch in der Farbe des Garns lagen, aus dem die Knoten gefertigt wurden.

Die keltischen Kulturen brachten wundervoll komplizierte Bandgeflechte hervor, die sie aus bescheidenen Borten, ineinander verschlungenen Knoten, wie dem Carrick-Knoten und dem, was wir heute als Türkischen Bund kennen, entwickelten. Diese einfachen, auf der ganzen Welt vorkommenden Knotenarbeiten wurden zu fantastischen Einfassungen, Täfelungen und anderen dekorativen Mustern verfeinert, die man in Holz oder Stein geschnitten fand, und als Verzierung für die kunstvollen Bibeln und Evangelien, wie die *Lindisfarne Gospels, das Book of Kells* und das *Book of Durrow,* verwendet.

Makramee entstand aus den geknoteten Fransen, die aus dem arabischen Reich über Italien und Spanien ihren Weg nach Europa fanden. Dieses fast spitzenartige Muster aus vielen Knoten war in vielen Epochen populär, besonders im ausgehenden 19. und frühen 20. Jahrhundert. In den 70er-Jahren erlebte Makramee ein Comeback. Auch Seemänner schätzten diese Arbeit und nannten sie „Kreuzknüpfen". Solche Arbeiten wurden als Borte an Segeltuch genäht.

Sobald sich die Menschen auf die Meere wagten, benötigten sie Leinen und Knoten. Je weiter sie sich vorwagten, umso komplexer wurden ihre Schiffe. Mit den Schiffen entwickelten sich Tauwerk und Knoten. Man braucht sich nur die Laschings eines aus dem Pazifikraum stammenden, hochseetüchtigen Kanus ansehen, um zu bemerken, wie gut Menschen mit Knoten und Tauwerk umgehen können. Doch die pazifischen Seefahrer nutzten Knoten noch auf andere Weise: Sie verwendeten verknotete Taue als Seekarten.

Die Inkas entwickelten eine ausgeklügelte Art der Kommunikation durch geknotete Tauwerksfransen, die als Quipus bekannt sind. Mit ihrer Hilfe wurden ohne Schriftzeichen Daten erfasst und Aufzeichnungen gemacht. Die Zivilisation der Inkas wurde Mitte des 16. Jahrhunderts zerstört, so dass nur sehr wenige Quipus, zeitgenössische Illustrationen und andere Stücke erhalten geblieben sind. Die Forschung arbeitet noch an der Entschlüsselung der Struktur dieses Systems. Es wurde nachgewiesen, dass eine Vielzahl an Knoten verwendet wurde, und dass die Farbe der Leinen sowie ihre Beziehung zueinander eine bestimmte Bedeutung besaßen. Es ist sicher, dass diese Anordnungen von Knoten und Tauwerk so komplexe Aufgaben, wie Besteuerung, Regierung

Oben: Wandtasche eines Seemanns mit Makramee-Borte.

Links: Makramee-Tasche aus dem frühen 20. Jahrhundert.

und die Organisation der Güterverteilung, sehr detailliert unterstützten.

Der Gebrauch von Knoten zu kommunikativen Zwecken wurde im späten 19. Jahrhundert von David Macheath und Robert Mylne wieder aufgegriffen, als in Schottland ein Alphabet für Blinde entwickelt wurde. Die Idee hatte zwar keinen Erfolg, bildete aber einen Bestandteil einer

Rechts: Das scharfe Ende eines Lassos und Cowboy-Flechtarbeiten aus ungegerbtem Leder.

Unten: Eine Auswahl geflochtener Fender.

Rechts unten: Detail des stehenden Tauwerks eines Schiffes – Doppelter Wandknoten (siehe Seite 59).

weiterführenden Tradition des Gebrauchs von Knoten zur Kommunikation. Der Knoten im Taschentuch als Gedächtnisstütze ist nichts anderes als eine einfache Form dieses Prinzips.

Viele Kulturen belegen das Knüpfen und Lösen von Knoten mit Bedeutung. So verlieh der Name Knut [Knoten] z. B. der Hoffnung Ausdruck, dass das so getaufte Kind, das letzte der Mutter sein würde. Bei besonderen Anlässen, z. B. Hochzeiten, bedeutet das Aufknüpfen von einer Reihe von Knoten eine Art Countdown für den Anlass. Es gibt Erinnerungen an Hexen, die den Seemännern Knoten verkauften, damit sie beim Lösen den Wind befreiten. Von einigen Knoten behauptete man, sie brächten Glück, während andere für das Pech verantwortlich waren. Einige sollten auch Unwohlsein und Krankheiten auslösen, die andere wiederum heilten. Den uns unter dem Namen Reff- oder Kreuzknoten bekannten Knoten nannten die alten Griechen und Römer Herkulesknoten, weil sie glaubten, der Gott selbst hätte ihn erdacht. Sie maßen ihm magische Kräfte bei, darunter die der schnellen Heilung von Wunden. Er eignet sich noch heute am besten, die Enden eines Verbands oder einer Schlinge zu verbinden, weil er sauber oder flach ist. Oder sollte doch Magie im Spiel sein?

Knoten haben auch etwas mit der Liebe zu tun. Noch heute sagt man zur Hochzeit „den Bund der Ehe schließen" – eine Wendung, die entfernt an den Gebrauch von Knoten erinnert. Es gibt eine ganze Reihe Knoten, die den Namen „Echte Liebesknoten" haben. Der auf Seite 236 vorgestellte Knoten ist ein gutes Beispiel: er hat zwei eigenständige Hälften, die miteinander verbunden sind.

Jedes Gewerbe, indem Leinen, Strick oder einfach nur Garn verwendet werden, benötigt Knoten und hat spezielle, den jeweils besonderen Anforderungen gerecht werdende Knoten entwickelt. Der Chirurg hat seinen besonderen Knoten, der mit Zangen gebunden wird; der Weber kennt eine ganze Reihe spezieller, schnell geknüpfter Knoten. Angler und Fischer haben nicht nur viele Knoten für Anglerhaken entwickelt, sondern besitzen auch ihre ganz spezielle Art Tauwerk zu verbinden und Netze zu knüpfen. Bauern und Viehzüchter erfanden spezielle Schlingen, Fußfesseln und Lassoknoten – hier sind besonders Cowboys zu erwähnen, die aufwendig geflochtenes Reitzubehör aus ungegerbtem Leder herstellen. Die Anfertigung von Peitschen wurde zu einer wundervollen Kunst, die sowohl Pferdezüchter als auch Händler ausübten und deren originell geflochtene Objekte beim Sattler verkauft wurden. Den Fuhrmannsknoten kann man noch heute sehen, wenn Lastwagenfahrer ihre Ladungen wie auf Kutschen in alten Zeiten festzurren.

Am stärksten hingen die Menschen jedoch auf See, auf Schiffen vom Wissen und der Fertigkeit im Umgang mit Knoten ab.

„Wenn man einem Mann einen Marl-spieker in die Hand drückt und ihn damit an ein Stück Tauwerk setzt, kann man sich ein genaues Bild über seine Eignung zum Seemann machen."

Diesen Satz schrieb R.H. Dana 1845 in *The Seaman´s Friend*. Er fügte hinzu:

„Das Tauwerk eines Schiffs erfordert ständige Ausbesserung, Schutz und Pflege auf vielfältigste Art."

Das erste Auftakeln des Schiffes übernahmen an Land stationierte Takler, bevor die Segel gesetzt wurden. Doch sobald das Schiff in See stach, wurden die Leinen nach des Kapitäns eigenen Ideen gesetzt. Der Kapitän eines Segelschiffes legte sehr viel Wert auf das Erscheinungsbild seines Schiffes, behielt jedoch auch die Kosten im Auge. Er nutzte die Arbeit der geschicktesten Seilmacher, um das Tauwerk mit schmückenden Elementen zu bereichern, z.B. Handläufe, dekorative Stropps der Blöcke, betakelte Relings und ausgefallene Matten. Die Schiffsglocke verdiente den Schmuck von besonders aufwendigen Knoten, die bewiesen, welches Maß an Geschick und Fertigkeit auf dem Schiff vorhanden war. Das Beiboot des Kapitäns wurde vielleicht mit schmuckvollen Ruderleinen und hervorragend gearbeiteten Fendern verziert. Das zeigte allen, dass der Kapitän über ein Schiff befahl, auf dem

die geschicktesten Seemänner angeheuert hatten. Dennoch diente das dekorative Tauwerk nicht ausschließlich repräsentativen Zwecken. Die meisten Schmuckelemente hatten eine bestimmte Funktion. So waren z.B. in die Unterleinen, die Taue unterhalb der Rah, auf denen die Matrosen zum Beschlagen der Segel standen, Türkenbunde geknüpft, damit die Matrosen nicht ausrutschten.

Man könnte sagen, dass ein Seemann nach der Qualität des Tauwerks eingeschätzt wurde, mit dem er sich umgab, z.B. gut gearbeitete, geschmattete, getrenste, lederne und mit Türkischen Bunden beendete Griffe oder Stropps auf seiner Seekiste, oder ein weit aufwendigeres Paar bekleedete, mit geflochtene, und betakelte Knebelstropps. Die Kordel oder der Griff an seinem Seesack oder der rutschfeste Griff seines Messers – jeder Gegenstand zeigte des Besitzers Geschick mit einer Evidenz, die weit mehr über seine Fähigkeit im Umgang mit Tauwerk in den verschiedenen Bereichen aussagte, als ein schriftliches Zeugnis. Die Tauwerksarbeiten bewiesen auch seine Fähigkeit, eine Arbeit kontinuierlich über einen längeren Zeitraum zu betreiben. Denn ein Paar ausgefallener Knebelstropps konnte leicht vierzig oder fünfzig Stunden in Anspruch nehmen, die man von der Hundewache, Sonntagen in tropischen Gefilden und anderen öden freien Stunden oder vom Schlaf abknapste. Sie waren manchmal die Früchte einer oder sogar zweier Reisen. Die Männer handelten untereinander und konkurrierten in der Herstellung der besten Knoten. Sie ermutigten die Jüngeren dazu, auf diese Art zu zeigen, dass sie tüchtige Seemänner waren. Man konnte sich mit der Anfertigung eines Lebensretters oder Wanderstocks auf den nächsten Landgang vorbereiten oder ein Tier, einen Sack oder eine Matte aus geflochtenem Seil als Geschenk herstellen. Die geflochtene Fußmatte an der Haustür war ein Zeichen, dass hier ein Mann wohnt, der auf See arbeitet. Der Seemann, der oft Teil einer internationalen Crew war und so Knoten aus aller Welt kennen lernte, war ein Botschafter und Sammler von Knoten, der das Wissen um sie in der ganzen Welt verbreitete.

Um eine Vorstellung davon zu vermitteln, welches Geschick und Wissen diese Künstler des Knüpfwerks besitzen konnten, illustriert C.W. Ashley in seinem monumentalen Werk *The Ashley Book of Knots* (1944) mehr als 3500 Knoten, Spleiße und andere Knüpftechniken. Obwohl heutzutage weitaus weniger Tauwerk auf See verwendet wird, kann man immer noch sagen, dass ein Schiff ohne Leinen nicht in See stechen kann. Besondere Beispiele für Tauverbindungen finden sich in den Hightechfasern im Tauwerk einer modernen Rennyacht. Vereinzelt gibt es auch noch den Seemann, der in seiner Freizeit wundervolle Knüpfwerke schafft

und so die alte Tradition fortsetzt, anstatt vor dem Videorecorder zu sitzen.

Nicht nur bei den alten Transportmethoden wurden Knoten benötigt, auch in der Raumfahrt fand man heraus, dass Bündel von Kabeln mit Knoten besser zusammenhielten als mit Klips. Man sollte also an die Knoten denken, welche die Erde an unseren Kommunikationssatelliten umkreisen. Ebenso wie man Knoten heutzutage noch immer in allen Lebensbereichen braucht, werden sie auch auf dem Mond von Nöten sein.

Oben: Ornamentale Knotenarbeiten von Seemännern.

Materialien

Im Laufe der Jahrhunderte stellten die Menschen aus vielen Materialien Leinen her, sowohl aus Pflanzenfasern als auch aus Tiersehnen. Sie können ineinander gedreht oder zusammengeflochten werden. Früher erfolgte diese Arbeit manuell oder mit sehr primitiven Maschinen. Heutzutage gibt es viele synthetische Materialen, die stärker sind als Naturfaser, und es gibt Maschinen, die viele Tausend Zoll Tauwerk an einem Tag herstellen.

Gedrehte Leinen werden hergestellt, indem man Fasern in eine Richtung dreht (oder spinnt), um daraus Garn herzustellen. Anschließend werden mehrere Garne zusammen in die entgegengesetzte Richtung gedreht (oder geschlagen – um einen Terminus aus der Tauherstellung zu verwenden), um ein Kardeel zu erhalten. Drei oder vier dieser Kardeelen werden dann gewöhnlich in die wiederum entgegengesetzte Richtung geschlagen, um das Tau herzustellen. Zur Fertigung des so genannten selteneren „Kabelgeschlagenen Taus", gewöhnlich als Kabel bezeichnet, können drei Stricke noch einmal in die entgegengesetzte Richtung geschlagen werden.

Die Richtungsangabe der Schläge der einzelnen Komponenten kann Verwirrung stiften. Der Industriestandard beschreibt sie durch die Buchstaben S (linksherum) und Z (rechtsherum), wobei der Körper des jeweiligen Buchstaben, die Richtung der Drehung im Garn, Kardeel oder Tau angibt. Damit lässt sich die Frage, ob rechts oder links die Richtung des Garns oder die Richtung, in der mit dem Garn gearbeitet wird, vermeiden.

Ein großer Teil des heute verwendeten Tauwerks, vor allem Tauwerk aus synthetischen Fasern, ist geflochten. Teilweise ist es mit einem inneren Hohlraum geflochten, teilweise besitzt es eine Seele, die aus Garnen desselben oder anderer Materialen geflochten bzw. geschlagen oder linear angeordnet ist. Es gibt auch Taue, die aus acht oder zwölf schweren Kardeelen geflochten sind, von denen die eine Hälfte S-geschlagen ist, während die andere Z-geschlagen ist. So erhält man Taue, die nicht so schnell Kinken bilden, und sich ideal als Ankertrossen eignen.

Tauwerk ist der Kollektivbegriff für alle Arten und Größen von Leinen. Es gibt eine große Auswahl an Fasern, aus denen Tauwerk hergestellt werden kann. Jede Faser hat eine charakteristische Eigenschaft, die für einen bestimmten Bereich genau richtig ist. Fasern lassen sich in zwei große Gruppen unterteilen: natürliche, direkt aus Pflanzen gewonnene Fasern und chemisch hergestellte synthetische oder Kunststofffasern, die endlos aus den Maschinen laufen.

Oben: Geflochtenes Tau mit einer geflochtenen Seele (links), hohler, geflochtener Mantel (Mitte) und geflochtener Mantel mit gedrehter Seele (rechts).

Oben links: Z-geschlagene (links) und S-geschlagene (rechts) Leine.

Mitte links: 12-fach geflochtene Leine (oben) und 8-fach geflochtene Leine (unten).

Unten links: Aus drei Tauen mit jeweils drei Kardeelen geschlagenes Kabel. Jedes Kardeel ist wiederum aus verschiedenen Garnen und Fasern angefertigt.

Hanf ist eine Naturfaser, die aus dem Stängel der Pflanze *Cannabis sativa* gewonnen wird. Seit Jahrhunderten wird Tauwerk aller Art aus ihr hergestellt. Hanf ist eine der kräftigsten Sorten Naturfasertauwerk, kann aber verrotten, wenn es längere Zeit der Feuchtigkeit ausgesetzt ist, so dass es in der Vergangenheit oft geteert war. Der Teer beeinträchtigte zwar ein wenig dessen Stabilität, verlängerte jedoch die Lebensdauer. Leinen dieser Art sind heutzutage selten.

Manilafaser erhält man aus der Faserbanane *Musa textilis*. Sie kam zu Beginn des 19. Jahrhunderts von den Philippinen nach Europa. Der Begriff „Hanf" wurde zum Synonym für Tauwerksfasern, während die verschiedenen Arten nach ihren Herkunftsorten benannt wurden, z. B. Petersburger Hanf, Rigaer Hanf und Italienischer Hanf – alle drei Arten wurden aus der Cannabispflanze gewonnen. Als die neue Faser aus den Philippinen eingeführt wurde, nannte man sie „Manila-Hanf" und sorgte für einige Verwirrung. Diese Faser erwies sich als genauso stark wie Hanf und war widerstandsfähiger gegen Verrotten, so dass sie selten geteert werden musste. Manilatauwerk wird noch heute hergestellt und von den Philippinen exportiert, obwohl die Qualität unglücklicherweise nicht mehr der vor 70 Jahren entspricht.

Sisal ist eine Tauwerksfaser, die aus der kakteenartigen Pflanze *Agave sisalana* in Mittelamerika gewonnen wird. Sie ist schwächer als Manila oder Hanf und muss chemisch behandelt werden, damit sie wasserdicht und widerstandsfähig gegen Verrottung wird. Das erste Mal wurde sie aus einem Hafen der Halbinsel Yucatan, dessen Name wie Sisal klang, ausgeführt. Heute wird sie in vielen Teilen der Welt als billige Taufaser zur Herstellung von Tauwerk, Stricken und Fäden gezogen.

Kokosfaser erhält man aus dem äußeren Teil der Kokosnuss. Auf dem indischen Subkontinent wurde sie über Jahrhunderte für Tauwerk genutzt. Sie ist zwar nicht sehr robust, aber leicht, so dass man aus ihr lange Leinen und Kabel herstellen kann. Sie ist die einzige Naturfaser, die schwimmt. Außerdem verrottet sie nicht so schnell in Salzwasser. Da Tauwerk aus Kokosfaser sehr elastisch ist und Schiffe durch plötzliches Rucken nicht so stark belastet wurden, verwendete man es in der Vergangenheit als Schlepptrosse und sogar als Vertäuungsleine. In der westlichen Hemisphäre wurde Kokosfasertauwerk teilweise unter dem Namen „Pissava-" oder „Grastau" benutzt.

Baumwolle wird ebenfalls zur Herstellung von Tauwerk verwendet, vor allem zur Herstellung von dünnen Leinen und

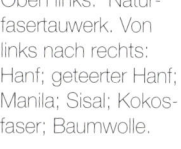

Oben links: Naturfasertauwerk. Von links nach rechts: Hanf; geteerter Hanf; Manila; Sisal; Kokosfaser; Baumwolle.

Mitte links: So genannte „Wunderfasern". Von links nach rechts: Kevlar über einer Vectranseele; Seele aus Kevlar; Dyneema mit einer Spectraseele; Vectranseele; PBO.

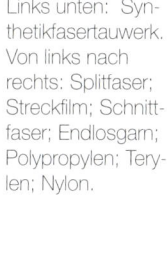

Links unten: Synthetikfasertauwerk. Von links nach rechts: Splitfaser; Streckfilm; Schnittfaser; Endlosgarn; Polypropylen; Terylen; Nylon.

Fäden. Sie eignet sich besonders gut für dünne, geschlagene Leinen, weil sie sehr fein gesponnen werden kann.

Auf See wurden Baumwollleinen, mit Ausnahme von Fischernetzen, selten genutzt. Da Baumwolle zum Verrotten neigt, mussten die Fischernetze häufig mit einem Schutzmittel behandelt werden, z. B. mit Tannin, was aus der Rinde verschiedener Bäume gewonnen wurde, Teer oder mit Chemikalien, wie Kupfersulfat oder Kupfernaphtenat.

Nylon war die erste synthetische Faser, die sich zur Herstellung von Tauwerk eignete. Sie wurde Mitte der dreißiger Jahre entwickelt und war anfangs sowohl sehr teuer als auch sehr dehnbar. Schrittweise konnten Wissenschaftler die hohen Kosten und den Grad an Elastizität reduzieren. Heutzutage sind Nylonleinen sehr stark – mehr als zweieinhalb mal so stark wie Hanf. Sie besitzen noch etwas Elastizität, wodurch sie sich besonders für Leinen eignen, die einer plötzlichen, ruckartigen Belastung standhalten müssen, z. B. Vertäuungsleinen, Schlepptrossen und Kletterseile. Als schweres einfasriges Garn wird Nylon auch für die meisten Anglerschnüre verwendet. Sind die Leinen feucht verlieren sie etwa 5 – 10 % ihrer Stärke. Nylontauwerk besitzt eine gute Haltbarkeit, ist abriebfest und – wie alle synthetischen Materialien – widerstandsfähig gegen Schimmel und Verrottung.

Polyester, auch unter den Namen Dacron oder Terylen bekannt, wurde in den vierziger Jahren entwickelt. Es ist geringfügig schwächer als Nylon, behält aber seine Stärke in nassem Zustand. Es ist robust gegen Abrieb und Verrottung. Da es eine geringe Elastizität besitzt, ist es das bevorzugte Material für Yachttauwerk. Polyesterleinen sind vorgestreckt erhältlich. Sie besitzen sogar nach weniger Elastizität.

Polypropylen wurde in den fünfziger Jahren entwickelt. Es nicht so stark wie Nylon und Polyester, aber beträchtlich billiger. Die Anfertigung preiswerten Tauwerks aus Polypropylen war der Grund dafür, dass die Produktion von Naturfasertauwerk an den Rand gedrängt wurde. Da Polypropylen leicht ist und schwimmt, eignet es sich für Rettungsleinen und kurze Vertäuungsleinen. Dennoch muss bemerkt werden, dass es nicht sehr abriebfest ist. Obwohl die Fasern heutzutage mit Lichtschutzmittel behandelt werden, verursachen UV-Strahlen deren schnellen Bruch im Gegensatz zu Polyester und Nylon. Um die natürliche Steifheit und Glätte des gewöhnlichen Garns aus Polypropylen zu vermeiden, wird es in einer Vielzahl von Formen hergestellt. Monofiles Polypropylentauwerk ist das abriebfesteste. Multifile Tauwerk hingegen ist viel weicher sowie leichter zu handhaben und zu knoten. Schnittfaser, bei der die Fasern erst zerschnitten und anschließend gesponnen werden, damit ein haariges Tau entsteht, ist sehr griffest. Das preiswerteste aus Polypropylenfasern hergestellte Tauwerk ist Streckfilm. Einige dieser Leinen eignen sich nur für einen bzw. wenige Einsätze. Eine Auswahl an Herstellern hat eine braune Polypropylenleine entwickelt, die Hanf sehr ähnlich sieht, und aus Gründen der Nostalgie an traditionellen Booten eingesetzt wird. In jüngster Zeit hat man damit begonnen, Polypropylenfasern mit Polyester und Polyäthylen zum Zeitpunkt des Extrudierens zu vermischen, um Tauwerk aus mehreren Polymeren herzustellen, das zwar viel stärker und abriebfester, aber dennoch nicht viel teurer, als die besseren Polypropylenleinen ist.

Wunderfasern, die leichter, stärker und weniger dehnbar als jemals zuvor sind, wurden in den letzten Jahren entwickelt. Sie ersetzen Drahttauwerk auf Rennjachten und finden in verschiedenen Hightech-Bereichen der Industrie Anwendung. All diese Materialien werden unter verschiedenen Handelsnamen oder Initialen, welche ihre komplizierten chemischen Bestandteile wiederspiegeln, verkauft. In der Reihenfolge ihres Erscheinens auf dem Markt sind es: Kevlar/Twaron/Technora (Aramid), Spectra/Dyneema (HMP, Hochmodulpolyäthylen), Vectran (LCP, Flüssigkristallpolymer) und Zylon (PBO, Poly [P-Phenylen-3, 6-Benzobisoxasol]).

Größtenteils sind sie noch nicht für den alltäglichen Gebrauch bestimmt, obwohl HMP für einige Anglerschnüre und Leinen für Höhenscherbretter benutzt wird. Sie sind sehr teuer und haben einige Nachteile, wie ihre Empfindlichkeit gegen Licht oder Abrieb, so dass sie häufig mit anderen Materialen, gewöhnlich Polyester, bedeckt werden. Einige dieser Materialien zeigen Schwierigkeiten bei starken Krümmungen. Da Knoten ihre Stärke beeinträchtigen, mussten besondere Verbindungen oder Klemmen entwickelt werden. Man kann ziemlich sicher sein, dass Wissenschaftler noch mehr und besseres Tauwerk erfinden werden, mit welchem die Praktiker erst umgehen lernen müssen.

Tauwerk ist, unabhängig vom Material, eine wertvolle Einrichtung, die gepflegt werden muss. Wenn Naturfasertauwerk feucht geworden ist, muss es angemessen getrocknet werden. Jedes Tauwerk muss sauber gehalten werden, da Sand, Salz, Schmutz und Öl in die Fasern eindringen und das Tauwerk von innen abnutzen. Sorgfältiges Waschen und kräftiges Schrubben, nach Möglichkeit mit einem Waschmittel, verlängert das Leben der Leinen. Nach dem Waschen werden die Leinen aufgewickelt und getrocknet. Obwohl synthetisches Tauwerk nicht verrotten kann, wird es besser trocken gelagert.

Manche Menschen behaupten, Tauwerk besäße Eigensinn und liebe es, sich zu verheddern. Das resultiert zum großen Teil aus der Art wie man es auf- und abwickelt, da es sich hierbei leicht verdreht. Um den Drall so minimal wie möglich zu halten, ist es also wichtig, die Leinen auf geeignete Art und Weise auf- und abzuwickeln. Wickeln Sie eine neue Z-geschlagene Leine entgegen dem Uhrzeigersinn ab. Schießen Sie die Leine im Uhrzeigersinn dagegen wieder auf. Sollten Sie jemals mit S-geschlagenen Leinen in Berührung kommen, verfahren Sie genau andersherum. Gehen Sie bei geflochtenem Tauwerk nach der speziellen Achtmethode vor. Diese Methode gleicht den Drall im Tauwerk aus. Wenn Sie geflochtenes Tauwerk aus irgendeinem Grund zu einem einfachen runden Bunsch aufschießen müssen, wickeln Sie es unbedingt in die entgegengesetzte Richtung wieder ab. Wenn Ihre Leine Kinken bildet und sich verdreht, unabhängig von der Methode des Aufschießens, lassen Sie diese mehrere Male durch Ihre Hände gleiten, um alle unerwünschten Drehungen zu entfernen. Wenn sich das Tau an mehreren Stellen verdreht, während Sie einen Bunsch aufschießen, schleudern Sie die ganzen Bunsch mehrere Male, um entstehende Verschlingungen zu vermeiden.

Nachdem der Bunsch aufgeschossen worden ist, gibt es mehrere Möglichkeiten, ihn ordentlich an seinem Platz aufzubewahren, damit er bei Bedarf problemlos benutzt werden kann. Der Bunsch kann an drei oder vier Stellen mit dünnen Stücken Strick oder Taugarnstopps zusammengebunden werden. Tauwerk wird oft in dieser Form vom Hersteller geliefert. Der Tampen einer Leine kann als Stopp verwendet werden, man erhält einen runden Bunsch. Der Achtförmige Bunsch ist eine andere Art, Tauwerk auf eine saubere und benutzerfreundliche Weise zu lagern – diesmal in Form eines Stranges. Ob Sie sich nun für einen Selbststoppenden Bunsch oder einen Achtförmigen Bunsch entscheiden, Sie erhalten in beiden Fällen eine zweckmäßige Schlaufe, an der Sie den Bunsch aufhängen können. Die einzelnen Schritte dieser Techniken sind auf den Seiten 25 – 26 illustriert.

Es gibt ein altes Seemannssprichwort, das sagt: „Jedes Haar ein Taugarn, jeder Finger ein Angelhaken, jeder Zahn der Stachel eines Merlins und sein Blut guter Stockholmer Teer." Teer wurde so häufig zum Schutz von Tauwerk eingesetzt, dass Seemänner danach rochen, was ihnen den Beinamen „Teerjacke" einbrachte.

Ein Marlspieker ist ein Dorn aus Stahl, der in Größen von etwa 152 bis 610 mm vorkommt. Er dient zum Anfertigen von Spleißen, zum Dichtholen und zum Lösen von Knoten. Ein ähnliches, nur etwas dickeres und aus Hartholz hergestelltes, Werkzeug ist der Fitt. Er wird fast für dieselben Zwecke benutzt wie der Marl-

Oben: Aufschießen von Z-geschlagenem Tauwerk.

Unten: Die Achtmethode zum Aufwickeln von geflochtenem Tauwerk.

Selbststoppenden Bunsch anfertigen

1. Schießen Sie einen einfachen Bunsch auf. Legen Sie aus dem kurzen Ende eine Bucht und umwickeln Sie den Bunsch einmal, um die Bucht unter den Törns zu verstecken.

2. Schlagen Sie mehrere Törns um den Bunsch und führen Sie das übrige kurze Ende durch die Bucht.

3. Schieben Sie die Törns in Richtung des kurzen Endes.

4. Der fertige Bunsch.

5. Selbststoppender Bunsch mit Törns aus einem doppelt gelegten Ende, die abschließend eine Schlaufe bilden.

6. Korrekt aufgeschossener Bunsch aus Z-geschlagenem Tauwerk mit Stopps aus dünner Schnur.

Achtförmigen Bunsch anfertigen

1 Schießen Sie einen einfachen Bunsch auf und drücken Sie ihn an einem Ende zusammen, damit eine Schlaufe an dessen Ende entsteht. Führen Sie die kurze aktive Part zu Ihrer Hand.
2 Legen Sie mehrere Törns.
3 Formen Sie eine Bucht in der aktiven Part.
4 Stecken Sie die Bucht durch die Schlaufe am Kopf des Bunsches.
5 Schieben Sie die Bucht zu den ersten Törns, um den Achtförmigen Bunsch abzuschließen.

spieker. Der Fitt konnte auch aus Walknochen hergestellt sein, oder, im Falle eines Bauern, aus Kuhhorn. Ein Stahldorn mit hölzernem Griff wird als „Pricker" bezeichnet.

Der in einem Yachtausrüster zu findende Marlspieker besitzt einen abgeflachten Griff mit einer Rille zum Lösen der Schäkel. Heutzutage gibt es ein unter dem Namen Schwedischer Marlspieker bekanntes Werkzeug mit hölzernem Griff, dessen Klinge eine Hohlkehle bildet, durch die man ein Kardeel durchlaufen lassen kann. Es ist eine lohnende, arbeitserleichternde Anschaffung. Einen Marlspieker kann man aus einem Nagel von 152 mm Länge, einen Pricker aus einem Schraubendreher und einen Fitt aus einem geeigneten Stück Hartholz herstellen. Ein Messer und/oder eine Schere werden immer zum Durch- oder Beschneiden von Tauwerk benötigt. Zangen können unter Umständen helfen, ein kurzes Ende dichtzuholen. Ein Stück gebogener, steifer Draht, idealerweise Saitendraht, eignet sich als Schlinge, um dünne Stränge durch Schmuckknoten zu ziehen.

Es gibt Gelegenheiten, bei denen man schwere Nadeln braucht. Das sind im optimalen Fall dreikantige Segelmachernadeln, mit denen man ein Loch sticht, das etwas größer als das Öhr ist, so dass der Faden leicht durchgezogen werden kann. Man benötigt ein Hilfsmittel, um diese Nadeln durchzustecken. Das passende Werkzeug ist der Segelmacherhandschuh, eine Art Riemen, der sich über die Hand streifen lässt, mit einer eingelassenen Metallplatte für die Nadel. Ein anderes wichtiges Werkzeug ist Klebeband, am besten aus einem Spender. Es dient als Provisorium, um das Aufdrehen der Enden einer Leine zu verhindern, und kann zu einer Spitze geformt werden, um das Durchführen zu unterstützen.

Früher gaben Seemänner ihren Werkzeugen mit ornamentalen Knoten und Schnitzereien eine persönliche Note, befestigten eine Kordel daran, damit sie nicht verloren gingen, und bewahrten sie in einem Leinensack auf. Es gibt keinen Grund, warum Sie das heute mit Ihren Werkzeugen nicht auch tun sollten.

Oben rechts: Werkzeuge aus vergangenen Tagen.

Unten rechts: Moderne Werkzeuge.

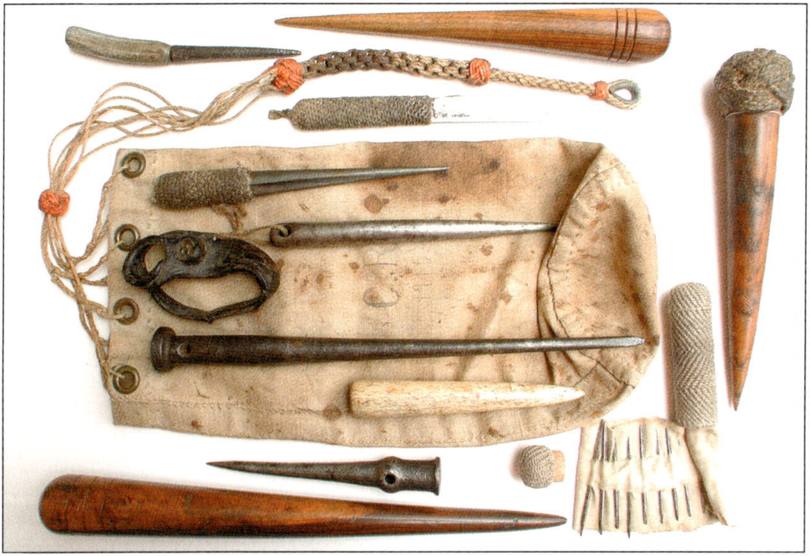

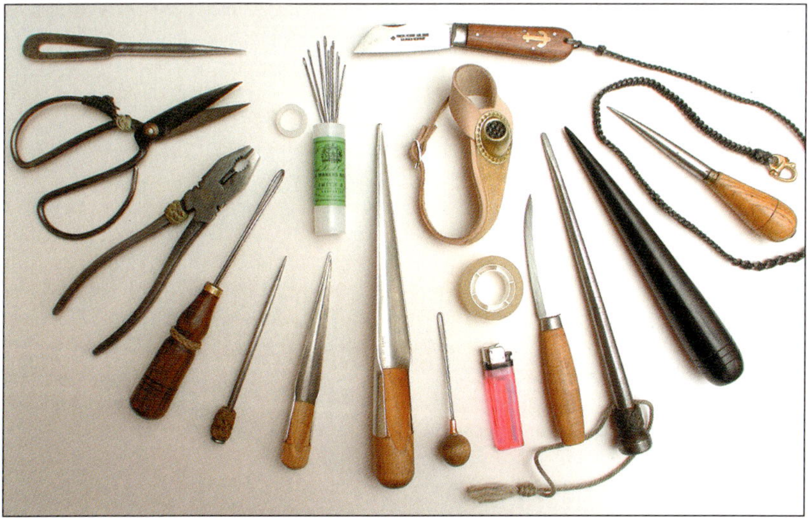

Techniken

Zum Knüpfen eines Knotens braucht man ein Stück Tauwerk und das Wissen um die Knüpftechnik. Das vorliegende Buch enthält dieses Wissen. Sie müssen nun lernen, wie sie am besten von diesem Wissen profitieren. Zur Unterstützung der Knüpftechniken wurden im Laufe der Jahre Wörter entwickelt, welche die verschiedenen Abschnitte des Tauwerks, die Bewegungen beim Knüpfen und die daraus entstehenden Figuren beschreiben. Einige von ihnen erklären sich selbst. Das Ende, welches wir zum Anfertigen des Knotens benutzen heißt **aktiv arbeitendes Ende** und der Abschnitt dahinter **laufende/lose Part**. Der andere, nicht verwendete Teil des Tauwerks wird **stehende/feste Part** genannt und das darauf folgende Ende **passives Ende**.

Schlägt man eine Leine zurück, dass beide Enden nebeneinander liegen, erhält man eine **Bucht** in der Mitte der Leine. Legt man eine Schlaufe, wo sich beide Parten überkreuzen spricht man von einem **Auge**, oder manchmal von einem **Halben Schlag**. Legt man eine Leine einmal um einen Gegenstand erhält man einen **Törn**, wiederholt man die Bewegung spricht man von einem **Rundtörn**.

Es wird hilfreich sein, wenn Sie der Anleitung für einen sehr einfachen Knoten, den Sie wahrscheinlich schon kennen, z. B.

dem Überhandknoten (siehe Seite 38) oder dem Reffknoten (siehe Seite 98), noch einmal folgen. Sie finden dort viele Fachwörter in vertrauter Umgebung, so dass Sie mit ihnen umgehen können, wenn die komplexeren Knoten behandelt werden. Sie sollten nicht unbedingt versuchen, die am Ende des Buchs vorgestellten, kompliziertesten Knoten zu binden, ohne sich vorher eine Basis geschaffen zu haben. Auch wenn es schwer fällt, machen Sie einen Schritt vor dem anderen.

Das Knüpfen eines Knotens verläuft in zwei Stadien, die Sie vielleicht gar nicht bemerken. Zuerst müssen Sie alle beschriebenen Bewegungen ausführen. Anschließend müssen Sie den Knoten mit den korrekt angeordneten Strängen ausrichten und festziehen, so dass alles sauber liegt und straff sitzt. Bei den meisten Knoten werden Sie das unbewusst mit Ihren Daumen und Fingern erledigen.

Es kann passieren, dass man die richtigen Bewegungen ausführt, dann jedoch an den falschen Enden zieht, so dass ein ganz anderer Knoten oder ein komplettes Chaos entsteht. Das Binden des Reffknotens (siehe Seite 98) und die Art, ihn in einen Slipknoten zusammenfallen zu lassen, ist ein gutes Beispiel dafür. Schauen Sie sich den gesetzten Knoten also genau an, damit Sie sicher sind, den gewünschten zu haben.

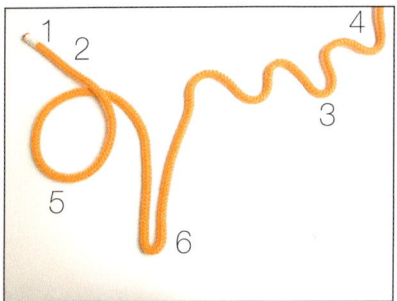

Oben links: Abschnitte des Tauwerks:
1 aktives Ende; 2 laufende Part; 3 stehende
Part; 4 passives Ende; 5 Auge; 6 Bucht.

Oben: Darstellung eines Törns (links) und
eines Rundtörns (rechts).

Links: Reffknoten und verunglückter Reffknoten (unten).

Unten links: Die Tampen des Tauwerks
sind auf dieser Darstellung eines Englischen
Knotens deutlich markiert (siehe Seite 116).

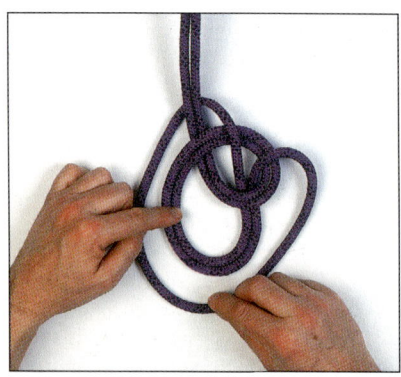

Oben: Das Verdoppeln lässt sich an diesem Arbeitsschritt bei der Anfertigung einer Achtknotenschlinge gut erkennen (siehe Seite 168).

Unten: Attrappe eines Knotens – in diesem Fall eine Affenfaust (siehe Seite 52).

Oben: Bei diesem Arbeitsschritt einer Dänischen-Brezel-Matte (siehe Seite 250) wird eine Bucht durch die stehende Part geführt.

Unten: Ein Knoten wird mit einem Dorn dichtgeholt.

Lassen Sie das aktive Ende nicht so kurz, dass es ausslippt, wenn der Knoten belastet wird. Es gibt einen sehr nützlichen Knoten, der Slipknoten genannt wird, und zum schnellen Losmachen dient. Der Knoten lässt sich lösen oder slippen, indem man am kurzen Ende zieht. Der Slipknoten muss korrekt gebunden sein, die Last auf der richtigen Part sitzen und Schlaufe und Ende, die den schnell lösbaren Teil bilden, müssen an der richtigen Stelle fest verklemmt sein. Sie müssen sicher gehen, dass der Knoten hält, bis Sie beschießen, ihn zu lösen.

Einige Knoten werden in einer einfachen Version gemacht und anschließend doppelt gearbeitet, z. B. die Achtknotenschlinge, der Wasserknoten sowie die Matten und Türkische Bunde am Ende des Buches.

Sehr komplexe Knoten werden oft leicht an der losen Seite gebunden und in die richtige Form gebracht, bevor man sie zusammenzieht, indem man das Lose aus dem Knoten herauszieht. Führen Sie diesen Schritt mit Hilfe eines Dorn aus. Ein Dorn ist sehr nützlich zum Dichtholen solcher Knoten wie der Affenfaust (siehe Seite 52), dem Fallreepsknoten oder Manntauknoten oder den Türkischen Bunden (siehe Seiten 222 ff). Wie komplex ein Knoten auch immer sein mag, gehen Sie beim Dichtholen systematisch vom Anfang bis zum Ende vor. Ob es sich nun um einen Ein-Strang- oder ein Mehr-Strang-Knoten han-

delt, wie dem Manntauknoten oder Sternknoten, arbeiten Sie immer nur an jeweils einem Strang. Es ist besser, einen komplexen Knoten zwei- oder dreimal dicht zu holen, damit er sich nur minimal verzieht, anstatt ihn zu fest zu ziehen und die Verformung nicht wieder ausgleichen zu können. Es ist sehr schwer, Lose wieder in einen Knoten einzuarbeiten.

Das Abschätzen der richtigen Menge zur Herstellung eines Knotens, besonders für sehr aufwendige Knoten, wie die Matten, die Türkischen Bunde und die Affenfaust, ist nicht einfach. Man sollte eine grobe Attrappe des Knotens anfertigen, um eine Vorstellung von der benötigten Menge zu bekommen. Es kann nicht schaden, die gedachte, nötige Menge abzumessen, etwas beizugeben und die geplante Menge zu notieren. Nach der Fertigstellung des Knotens, überprüft man den Rest und schreibt sich die wirklich verwendete Menge zusammen mit der Größe des Tauwerks und dem Umfang des vollendeten Knotens oder der Matte auf. Im Lauf der Zeit entwickeln Sie das richtige Gespür für die benötigte Menge Tauwerk.

Die Arbeit mit einem langen Stück Tauwerk kann sehr zeitaufwendig sein, so dass es schon hilft mit Buchten durch die Parten zu führen. Es kann sein, dass Sie auch einen Bunsch anfertigen und diesen durch die Parten führen müssen. Das ist beim Gebrauch dünner Leinen, besonders für einige Plattings, sehr hilfreich. Wenn man den Bunsch mit ein paar Halben Schlägen oder Gummibändern sichert, erleichtert man sich die Arbeit.

Wenn bei einem Knoten oder Spleiß mit den Kardeelen einer drei- oder vierkardeeligen Leine gearbeitet werden muss, ist es sinnvoll, die Enden der Kardeelen zu betakeln oder abzukleben. Sie können die Enden auch mit unterschiedlichen Farben kennzeichnen, um sie auseinander zu halten. Achten Sie darauf, dass sich die Kardeelen nicht aufdrehen, wenn Sie diese voneinander lösen. Wenn sich ein Kardeel aufdreht, hilft eine leichte Drehung, um es wieder in Form zu bringen. Dieselbe Methode können Sie anwenden, wenn sich das Tauwerk ungewollt aufdreht. Durch das Drehen erhält das Kardeel wieder die Windung, mit der es sich in das benachbarte Kardeel einpasst. Das entspricht im Großen und Ganzen der Methode, mit welcher der Langspleiß und Legel geflochten werden.

Nachdem man einen Spleiß, an dem alle Kardeelen gut sitzen, nach bestem Wissen angefertigt hat, kann man ihn mit der Fußsohle rollen, damit er noch runder wird. Beim Beschneiden der Tampen sollte man nicht zu kurz abschneiden, da sie sich sonst beim ersten Ziehen lösen könnten. Es ist viel besser, die Enden großzügig abzuschneiden. Irgendwann nutzen sie sich schließlich ab.

Links: Ein mit Halben Schlägen gehaltener (links) und ein mit Gummibändern gesicherter Bunsch.

Oben rechts: Beschnittene Enden.

Rechts: Ein Kardeel wird in eine Leine gedreht.

Ganz rechts: Ein Spleiß wird unter der Schuhsohle gerollt.

Knoten

Stopperknoten

Stopperknoten werden am Ende einer Leine aufgesetzt. Sie verhindern das Ausslippen oder das Ausfransen der Tampen. Stopperknoten dienen als Halt oder verleihen einer Leine extra Gewicht, wenn sie geworfen wird. Zu ihrer Art gehören sowohl die einfachsten als auch die kompliziertesten und dekorativsten Knoten.

Verzeichnis der Stopperknoten

Überhandknoten

Der elementarste aller Knoten ist auch als Einfach- oder Daumen-
knoten bekannt. Er ist sehr kompakt, aber sehr schwer zu lösen,
nachdem er aufgesetzt ist. Das gilt besonders für dünnes Material.
Er bildet sich bei verschiedenen Gelegenheiten versehentlich von
selbst. Achten Sie darauf, da ein Überhandknoten in der Mitte einer
Leine deren Stärke um etwa die Hälfte reduziert. Denken Sie daran
besonders, wenn Sie mehrere Überhandknoten in eine Leine machen
möchten, um ihre Griffigkeit zu erhöhen. Mehrere Doppelte Überhandknoten an einer Fransenkante können wie aufgereihte Perlen
wirken.

Die Form des Überhandknotens erscheint in viel aufwendigeren Knoten, wie dem Wasser-, Fischer und Echte Liebesknoten.

Es sollte erwähnt werden, dass jeder Knoten sein
Spiegelbild besitzt. Jede Bewegung kann spiegelbild-
lich vertauscht werden, so dass eine Part unter anstelle über eine andere gelegt wird und umgekehrt.
So erhält man das genaue Spiegelbild des origina-
len Knotens. Die beiden Knoten werden dann
manchmal als die Varianten für Linkshänder und
Rechtshänder bezeichnet. Das bedeutet jedoch
nicht, dass sie von einem Links- bzw. Rechtshänder
geknüpft wurden.

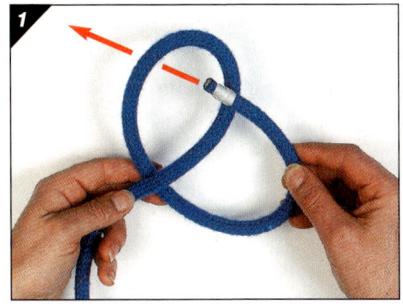

1 Legen Sie ein Auge, indem Sie das Arbeitsende unter die stehende Part der Leine kreuzen.

2 Führen Sie das Arbeitsende durch das Auge.

3 Ziehen Sie den Knoten an beiden Parten fest. Während Sie den Knoten dicht holen, können Sie ihn nach Bedarf näher zum Arbeitsende ziehen.

4 Die spiegelbildlichen Varianten des Überhandknotens.

PFEILE

Ich habe die Abbildungen im gesamten Buch dort mit Pfeilen versehen, wo ich annahm, dass sie hilfreich für das Verständnis des nächsten Arbeitsschrittes wären. So zeigt der Pfeil in Abbildung 1 die für Schritt 2 notwendige Bewegung. Abbildung 2 zeigt das Resultat der Bewegung. Ich habe die Anzahl der Pfeile so gering wie möglich gehalten.

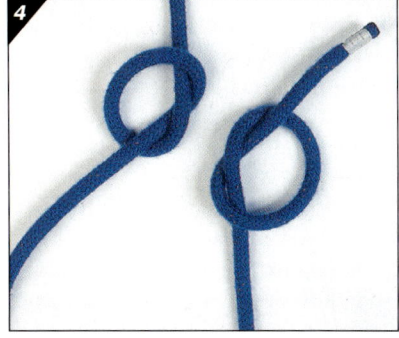

Überhandknoten mit laufender Bucht

Wird das Arbeitsende beim Anfertigen des Überhandknotens nicht vollständig durch das Auge gezogen, entsteht eine Bucht und mit ihr ein neuer Knoten, der sich einfacher lösen bzw. slippen lässt. Ziehen Sie einfach am kurzen Ende, dass aus dem Knoten herausragt.

1 Legen Sie in die aktive Part eine Bucht, und führen Sie diese wie im Überhandknoten durch das Auge.
2 Der festgemachte Knoten.

Doppelter Überhandknoten

Beginnen Sie einen Überhandknoten, und führen Sie die lose Part noch einmal durch das Auge. Wenn Sie die Tampen beim Dichtholen noch ein wenig drehen, erhalten Sie einen dicken, sehr sauber geformten Stopperknoten.

Wenn Sie die lose Part wiederholt durch das Auge führen und die Parten stärker drehen, können Sie einen noch etwas dickeren Knoten machen. Die berüchtigte Neunschwänzige Katze soll drei Knoten an jedem Strang gehabt haben. Da dieser Knoten auch als Blutknoten bekannt ist, wird angenommen, dass doppelte Überhandknoten in die Peitsche geknüpft waren.

1 Legen Sie ein Auge, indem Sie das aktive Ende unter die stehende Part kreuzen. Führen Sie das Arbeitsende durch das Auge.
2 Holen Sie das Arbeitsende ein zweites Mal durch das Auge.
3 Formen Sie die Törns beim Dichtholen mit den Fingern zu einem gleichmäßigen Knoten.

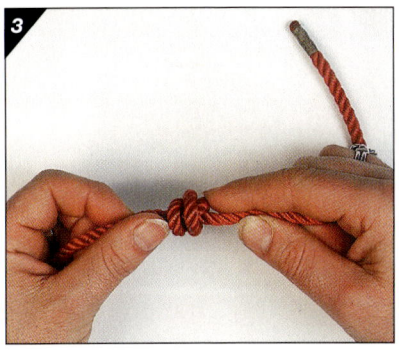

Kapuziner-Knoten

Französische Mönche des Kapuzinerordens trugen diesen Knoten am Ende der Priesterkordel. Der Kapuziner-Knoten ist ein in die Länge gezogener Doppelter Überhandknoten. Er wird allerdings etwas anders angefertigt, um den Grad der Drehung zu reduzieren, den man für eine gute Form benötigt. Am Tampen einer Wurfleine erhöht er ihr Gewicht, so dass sie sich besser schleudern lässt.

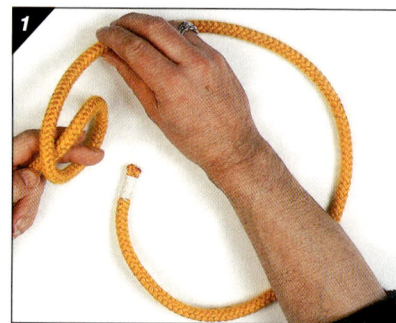

42

1 Halten Sie die stehende Part fest, während Sie die laufende Part der Leine um Ihre Finger wickeln.

2 Schlagen Sie vier oder fünf weitere Törns von den Fingerspitzen weg in Richtung Handfläche.

3 Ziehen Sie die Finger aus den Törns heraus, um einen Tunnel zu erhalten.

4 Stecken Sie das Arbeitsende durch den Tunnel.

5 Holen Sie den Knoten sorgfältig dicht, damit die Törns sauber nebeneinander liegen und Lose herausgearbeitet werden.

Achtknoten

Sehr einfach und schnell zu binden, ist dieser Knoten dem Überhandknoten weit überlegen, da er nicht nur etwas dicker, sondern auch viel einfacher zu lösen ist, selbst nachdem er starker Belastung ausgesetzt wurde. Er ist ein idealer Stopperknoten und wird weltweit von Yachtseglern gegen das Ausslippen aus Blöcken, Augbolzen und Lippen verwendet.

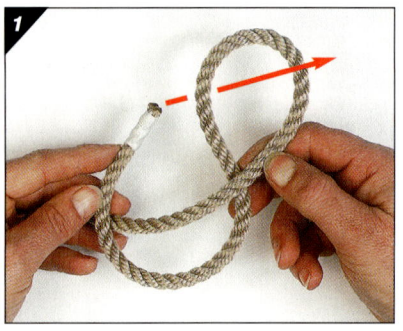

1 Legen Sie ein Auge, indem Sie das Arbeitsende unter die stehende Part der Leine kreuzen. Führen Sie anschließend das aktive Ende über die stehende Part.

2 Ziehen Sie das Arbeitsende von hinten durch das Auge, damit eine Achtform entsteht. Ziehen Sie den Knoten an beiden Tampen zusammen.

3 Der vollendete Achtknoten.

Achtknoten auf Slip

Lässt man beim Aufsetzen des Achtknotens
eine Bucht, anstatt das aktive Ende durch
das Auge zu ziehen, entsteht ein dickerer Knoten,
der sich durch Ziehen am kurzem Ende
einfach slippen lässt.

1 Beginnen Sie wie beim Achtknoten,
  holen Sie jedoch eine in der losen Part
  gelegte Bucht durch das Auge.

Einfacher Zopf

Wenn man ein großes Auge formt und das Arbeitsende anschließend so legt, dass man drei Stränge erhält, deren freies Ende man wiederum so oft wie möglich durch das Auge führt, erhält man einen dreipartigen Zopf am Tampen einer Leine. Zwei Knoten können als Basis dienen: der Überhandknoten und der Achtknoten. Sie resultieren in Knoten von leicht unterschiedlicher Länge. Der Zopf bildet den schmückenden Abschluss einer Leine. Man kann den Einfachen Zopf in die Mitte einer Leine flechten, um eine dekorative Kordel oder ein Band zum Zurückhalten der Gardinen herzustellen.

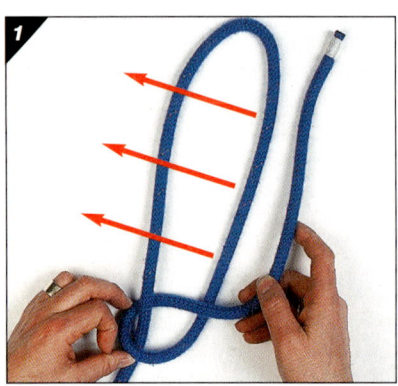

Überhandknoten als Basisknoten

1 Legen Sie ein Auge, indem Sie das Arbeitsende über das passive Ende kreuzen. Ziehen Sie das Arbeitsende durch das Auge, so dass ein Überhandknoten entsteht.
2 Drehen Sie das Auge, indem Sie die rechte über die linke Seite legen.
3 Stecken Sie das aktive Ende durch das Auge.
4 Drehen Sie die Schlaufe erneut, indem Sie nun die linke über die rechte Seite bringen, und ziehen Sie das aktive Ende durch die Schlaufe. Wiederholen Sie diesen Schritt so oft wie erforderlich.
5 Der fertige Knoten.

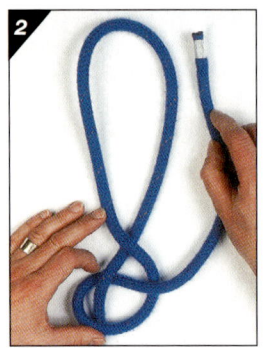

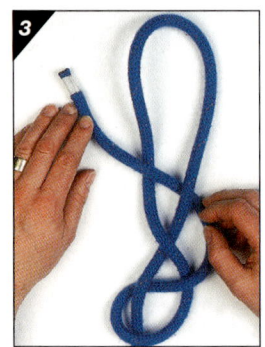

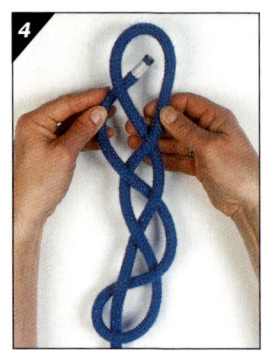

Achtknoten als Basisknoten

1   Legen Sie mit dem aktiven Ende ein
    Auge, führen Sie es unter der stehenden
    Part der Leine durch, und legen Sie es
    anschließend über die stehende Part.
    Stecken Sie das Arbeitsende durch das
    Auge. Gehen Sie nun nach den Schritten
    2, 3, und 4 der ersten Version vor.

2   Der vollendete Knoten.

Austernfischer-Stopperknoten

Als der Autor des Buches *The Ashley Book of Knots*, Clifford Ashley, an einem Austernboot vorüberfuhr, sah er einen Knoten, den er für neu hielt. Er machte sich sofort daran, ihn nachzubilden. Dieser Knoten ist das Ergebnis. Als er den von ihm gesehenen Knoten lösen konnte, musste er jedoch feststellen, dass es sich lediglich um einen einfachen Achtknoten handelte, der in eine sehr alte und durchgescheuerte Leine geknüpft war. Dieser glückliche Zufall bescherte uns einen weiteren dicken Stopperknoten.

1 Legen Sie ein Auge, indem Sie die stehende über die laufende Part kreuzen.

2 Führen Sie eine aus der festen Part gelegte Bucht durch das Auge.

3 Stecken Sie das Arbeitsende durch die Bucht, und holen Sie den Knoten dicht.

4 Der Austernfischer-Stopperknoten.

Sinkerknoten

Dieser schöne Stopperknoten ist der
genau der richtige, wenn ein wirklich
dicker Knoten gebraucht wird. Er ist eine
Weiterentwicklung des Überhandknotens mit
laufender Bucht. Die Bucht legt man hier jedoch
in die stehende Part. Er muss mit äußerster
Vorsicht gedreht und festgezogen werden, damit
er seine Form und seine Größe bewahrt.

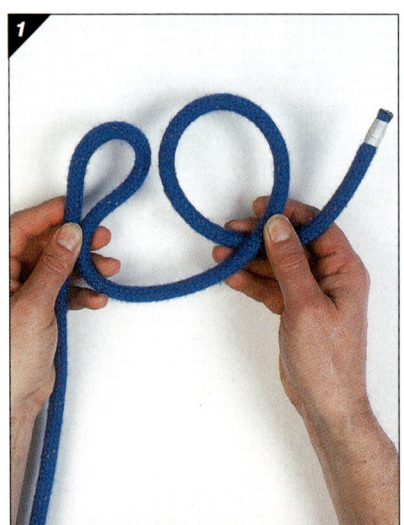

1 Formen Sie ein Auge, indem Sie das Arbeitsende unter die stehende Part kreuzen. Legen Sie in der stehenden Part eine Bucht.

2 Führen Sie die Bucht durch das Auge.

3 Ziehen Sie den Knoten etwas zusammen, und schlingen Sie die lose Part gegen den Uhrzeigersinn um die stehende Part.

4 Stecken Sie das aktive Ende durch die Bucht. Gehen Sie sicher, dass die lose Part bequem in das Auge des ursprünglichen Überhandknotens passt. Holen Sie den Knoten dicht, um alle Lose zu entfernen.

5 Der vollendete Knoten.

Affenfaust

Die Affenfaust hat für den Seemann eine besondere Bedeutung, da sie oft das Erste ist, was ihn nach einer langen Reise mit dem Festland verbindet.

Um schwere Leinen vom Schiff zum Kai oder von Schiff zu Schiff zu spannen, werfen die Seeleute zuerst leichtes Tauwerk, z. B. eine Wurfleine, mit der anschließend die schwere Leine herübergezogen wird. Mit der großen, runden Affenfaust wird das Gewicht der Wurfleine erhöht. Wenn der Knoten geformt, aber noch nicht zusammengezogen ist, legt man einen Gegenstand in seine Mitte, um ihm Form und zusätzliches Gewicht zu geben. Das Ende der Leine wird entweder zu einem kleineren Stopperknoten, wie dem Sinkerknoten, gebunden und durchgeführt, oder eine Nuss, Metallkugel bzw. ein Stein wird hineingelegt. Man muss natürlich darauf achten, dass der Knoten nicht so schwer wird, dass er für die Leute an Land gefährlich wird. Wenn er jemanden trifft, kann er sogar zerreißen!

Die Affenfaust ist einer der beliebtesten Schmuckknoten für Schlüsselanhänger.

1 Schlagen Sie drei volle Törns im Uhrzeigersinn um Ihre Hand. Legen Sie die nächsten drei Törns in einem Winkel von 90° zu den vorherigen. Drehen Sie die Leine dazu so, dass Sie von Ihnen weg zeigt.

2 Drei volle Törns liegen nun um den ersten Satz. Beachten Sie, dass das Arbeitsende am unteren Teil der ersten Törns liegt, wenn Sie diesen Schritt ausgeführt haben.

3 Führen Sie das Arbeitsende zuerst durch die untere und anschließend durch die obere Öffnung. Nun können Sie mit den letzten drei Törns, die im rechten Winkel zu den vorherigen liegen, beginnen. Schlagen Sie noch einmal drei volle Törns.

4 Jede Parte sollte nun drei Stränge Leine enthalten.

5 Machen Sie an der Stelle, an der das Arbeitsende herausragt, eine kleine Öffnung, um einen runden Gegenstand hineinzustecken – nur so behält der Knoten seine Form.

6 Sie können nach Belieben das aktive Ende in der Mitte der Affenfaust verschwinden lassen, bevor Sie alle Lose herausarbeiten, damit ein fester Knoten entsteht.

7 Die fertige Affenfaust.

Kronenknoten

Der Kronenknoten ist der einfachste von den Knoten, die aus den Strängen einer drei- bzw. vierkardeeligen Leine geknüpft werden. Er verleiht der Leine ein flaches Ende und ist Ausgangspunkt des Rückspleißes. Er ist auch Bestandteil komplexerer und ornamentaler Knoten sowie einer Reihe interessanter Zöpfe und Plattings. Achten Sie darauf, dass alle Kardeelen gleich angeordnet sind und nach unten zeigen, nachdem Sie den Knoten beendet haben. Verwendet man zur Anfertigung des Knotens das gebräuchliche Z-geschlagene Tauwerk, welches besser liegt und die Voraussetzung für einen nachfolgenden Rückspleiß ist, sollten die Stränge entgegen dem Uhrzeigersinn nach unten zeigen.

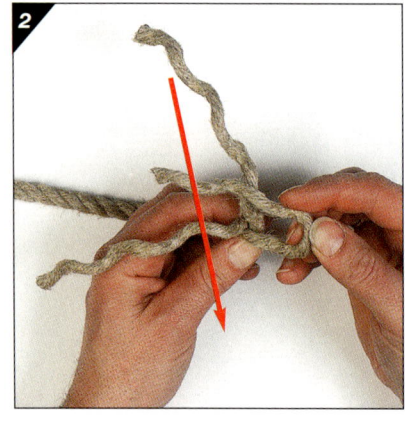

1 Drehen Sie das Ende der Leine ein kleines Stück auf. Spreizen Sie die getrennten Kardeelen voneinander ab.

2 Legen Sie ein kleines Auge, indem Sie das rechte über das obere Kardeel kreuzen.

3 Legen Sie das obere Kardeel über das erste Kardeel, und führen Sie es unter dem dritten Kardeel durch.

4 Legen Sie das dritte Kardeel über das zweite, und führen Sie es durch das im ersten Kardeel gebildete Auge. Sie erhalten ein verknüpftes Dreieck, den Kronenknoten.

5 Der aufgesetzte Knoten.

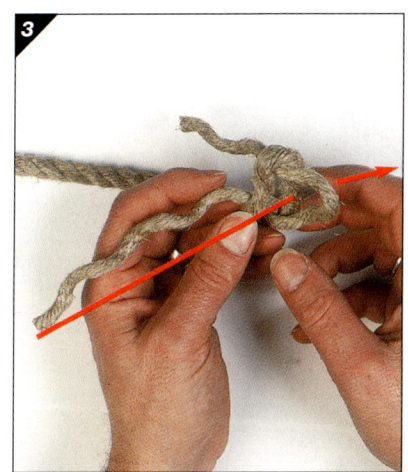

Doppelter Kronenknoten

Bindet man einen losen Kronenknoten und führt die Enden zur Mitte, schafft man den Ausgangspunkt für den doppelten Kronenknoten. Wenn Sie diesen als Grundlage für den Rückspleiß verwenden möchten, erhalten Sie ein dickeres Ende und erhöhen die Griffigkeit.

Manche Leute simulieren das dreikardeelige Tauwerk zunächst mit drei Leinen unterschiedlicher Farbe, um genau zu sehen, wo jedes Kardeel liegen soll.

Doppelter Wandknoten

Man beginnt mit dem Wandknoten, wobei jeder Strang hier einen zusätzlichen Schritt durchläuft. Achten Sie darauf, dass Sie mit jedem Strang dieselben Bewegungen ausführen. Der daraus resultierende Doppelte Wandknoten ist ein flacher, scheibenförmiger Knoten. Glücklicherweise hat sich ein Exemplar im oberen Liektau der Fock des königlichen Schiffs *Victory* vom Anfang des 19. Jahrhunderts erhalten. Da Knoten, Tauwerk und Segeltuch sehr vergängliche Materialien sind, besitzt jeder bewahrte Knoten große Bedeutung. Er zeigt uns, wie vergangene Generationen mit Tauwerk umgingen.

1   Binden Sie einen Wandknoten, und wählen Sie einen Strang aus.

2   Legen Sie diesen entgegen dem Uhrzeigersinn um das zweite bzw. nächste Kardeel. Führen Sie ihn durch die Öffnung, aus welcher der zweite Strang herausragt.

Weiter auf Seite 60.

Weiter auf Seite 60.

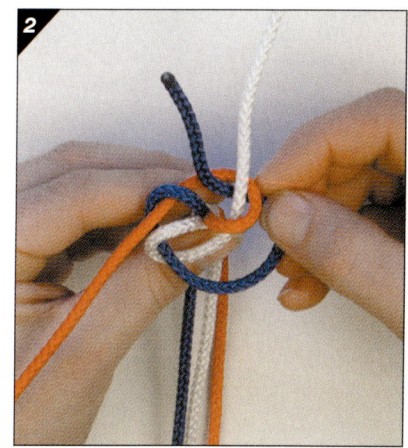

3 Führen Sie den zweiten Strang am dritten vorbei, und holen Sie ihn durch die Öffnung, aus welcher der dritte Strang herausragt.

4 Wiederholen Sie diesen Schritt mit dem dritten bzw. letzten Strang. Achten Sie dabei darauf, dass er an der Stelle vorübergeht, an welcher der erste Strang austritt. Nachdem mit jedem Strang dieselben Bewegungen ausgeführt wurden, sollte der Knoten symmetrisch sein. Holen Sie ihn sorgfältig dicht.

5 Der Doppelte Wandknoten.

Matthew Walkers Knoten

Das ist wahrscheinlich der früheste bekannte Knoten, der nach einer Person benannt wurde. Wer Matthew Walker war, ist ein Rätsel. Als Darcy Lever 1808 sein Werk *Young Sea Officer´s Sheet Anchor* veröffentlichte, gab er dem Knoten diesen Namen, als schien er zu jener Zeit sehr bekannt zu sein. Möglicherweise arbeitete Matthew Walker als Takler auf einer der königlichen Schiffswerften im späten 18. Jahrhundert. Clifford Ashley erzählt in seinem Buch *The Ashley Book of Knots* die Geschichte eines Matthew Walker genannten Seemanns, der zum Tode verurteilt war. Der Richter bot ihm Straferlass an, wenn er einen Knoten band, den der Richter weder knüpfen noch lösen konnte. Matthew Walker drehte ein langes Stück Leine auf, setzte den Knoten auf, der heute seinen Namen trägt, und schlug es wieder bis zum Ende. Der Richter konnte sich nicht erklären, wie der Knoten gemacht war, und schenkte dem Verurteilten die Freiheit. Das ist eine schöne Geschichte, die allerdings noch bewiesen werden muss.

1 Beginnen Sie mit einem Wandknoten.

Weiter auf Seite 62

2 Führen Sie einen Strang entgegen dem Uhrzeigersinn durch das folgende Törn. Achten Sie darauf, dass das Kardeel an der Außenseite des Auges liegt.

3 Stecken Sie nun den bereits im Törn befindlichen Strang auf dieselbe Art durch den nächsten Törn.

4 Wiederholen Sie diesen Schritt mit dem nächsten Kardeel. Es sollte aus dem Törn des ersten Stranges herausragen. Aus jedem Törn sollte nur ein Strang hervorstehen.

5 Führen Sie ein beliebiges Kardeel entgegen dem Uhrzeigersinn durch das nächste Auge. So wird sich ein Törn selbständig formen, der einen Überhandknoten bildet.

6 Wiederholen Sie diese Bewegung mit den anderen beiden Kardeelen.

7 Holen Sie den Knoten an allen Tampen schrittweise dicht. Arbeiten Sie die Lose dabei mit den Fingern der linken Hand heraus. Bei Bedarf können Sie das Tau nun wieder zusammendrehen.

8 Der vollendete Matthew Walkers Knoten.

Einfacher Matthew Walkers Knoten

1 Beginnen Sie wie beim vollen Matthew Walkers Knoten. Beenden Sie ihn jedoch vor der letzten Runde Törns. Nun haben Sie den als Einfachen Matthew Walkers Knoten bekannten Knoten. Er lässt sich etwas schwerer dicht holen, ergibt aber einen wunderbaren Stopperknoten.

Manntauknoten

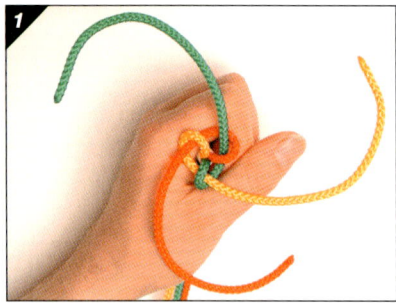

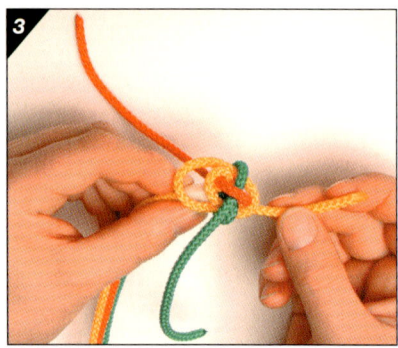

Im Zeitalter der Segelschiffe war das Manntau eine Leine, die über die Seiten der Schiffe hing, um den Leuten das Hochentern zu erleichtern. Der Manntauknoten wurde in diese Leinen gebunden. Drei- oder vierkardeeliges Tauwerk lässt sich zu seiner Anfertigung verwenden. Man beginnt mit einem Wandknoten und setzt einen Kronenknoten darüber. Abschließend wird der komplette Knoten verdoppelt, und man erhält einen wunderschönen Knoten. Besondere Vorsicht ist beim Zusammenziehen geboten, holen Sie ihn schrittweise und nicht mit einem Ruck dicht.

Es gibt keinen besseren Knoten am Ende eines Geländers aus Leinen oder einer Absperrung aus Tauwerk.

1 Fertigen Sie zuerst einen Wandknoten an.
2 Setzen Sie einen Kronenknoten darüber.
3 Beginnen Sie nun mit dem Verdoppeln des Wandknotens, indem Sie ein Kardeel um seine Außenseite bzw. den unteren Teil herumführen.
4 Wiederholen Sie diesen Schritt mit den anderen Kardeelen.
5 Verdoppeln Sie den Kronenknoten, indem Sie zunächst ein Kardeel um den unteren Teil der Krone herumführen.
6 Wiederholen Sie diesen Schritt ebenfalls mit den übrigen Kardeelen.
7 Stecken Sie zum Abschluss jedes Kardeel nach unten durch die doppelte Wand.
8 Holen Sie den Knoten dicht. Die Enden können nun beschnitten werden.
9 Der aufgesetzte Manntauknoten.

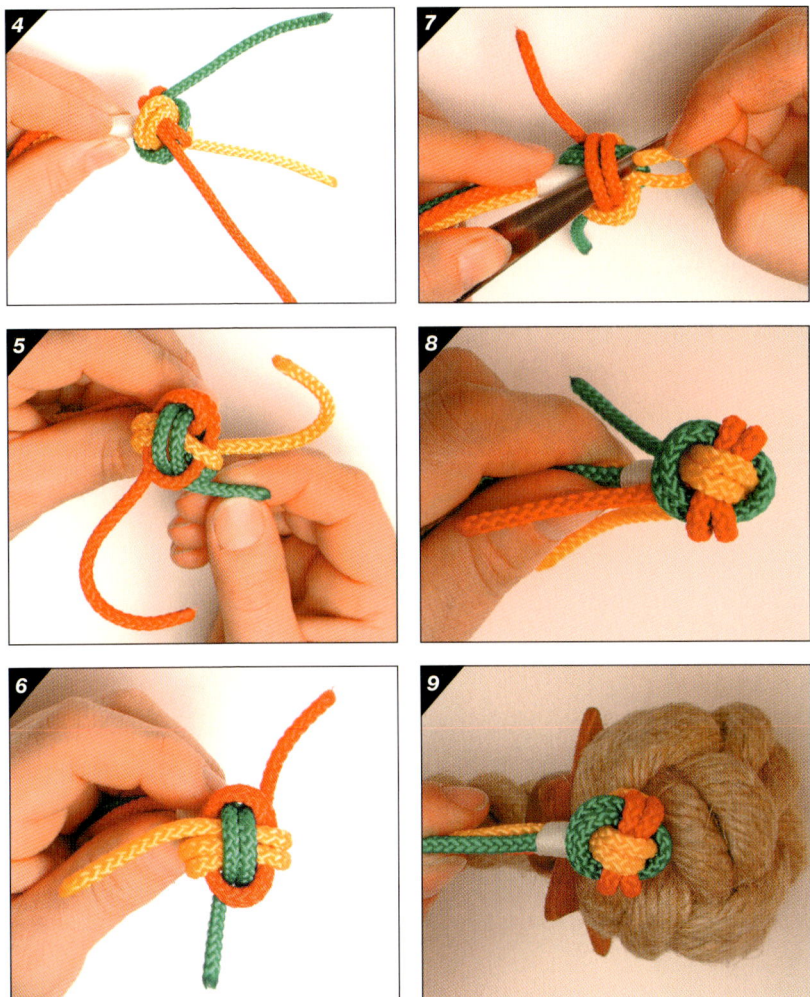

Diamantknoten / Doppelter Diamantknoten

Binden Sie zuerst einen Kronenknoten, und halten Sie diesen lose. Setzen Sie anschließend einen Wandknoten darunter, und führen Sie jedes Kardeel durch die Mitte. Achten Sie darauf, dass Sie alle diese Törns auf dieselbe Weise legen. Jedes Kardeel muss gleich behandelt werden! Nun kann der Knoten schrittweise dicht geholt werden. Der vollendete Knoten muss fest und gleichmäßig sein. Die Kardeelen können wieder zusammengedreht, oder zu einer Quaste gekämmt werden. Bevorzugen Sie einen dickeren, noch schöneren Knoten, führen Sie zunächst jedes Kardeel um die Krone und anschließend um die Wand, bevor Sie die Törns durch die Mitte ziehen.

Dieser Knoten ist der ideale Schmuck für ein Messer oder eine Pfeifenschnur. Er eignet sich auch als Stopp für das Tau einer Schlagpütz.

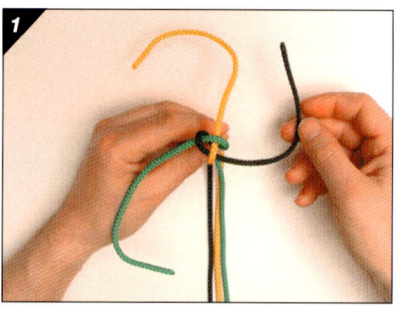

1 Binden Sie zunächst einen Kronenknoten.

2 Setzen Sie einen Wandknoten darunter.

3 Führen Sie ein Ende durch die Mitte der
   Krone. Legen Sie den Törn so, dass
   das Kardeel um sich selbst führt.

4 Wiederholen Sie den Schritt mit den
   beiden anderen Kardeelen. Sie sollten
   ein gleichmäßiges Muster bilden.

5 Holen Sie den Knoten dicht.

6 Wenn Sie den Diamantknoten verdoppeln möchten, führen Sie das Kardeel nicht durch die Mitte der Krone, sondern seitwärts in ihr vorbei.

7 Wiederholen Sie diesen Schritt mit den zwei anderen Kardeelen.

8 Verdoppeln Sie nun die Wand, indem Sie die Kardeelen durch die Mitte des Knotens ziehen. Holen Sie den Knoten zum Abschluss dicht.

Sternknoten

Als einer der Höhepunkte der Knüpfkunst ist dieser Knoten eine Herausforderung für alle. Er wird aus mindestens vier (maximal acht) Kardeelen Tauwerk oder Strick gebunden. Die Anzahl der Kardeelen ergibt die Anzahl der Zacken des Sternes. Manche behaupten, dass der Stern fünf Zacken – einen für jeden Ozean – besitzen sollte. Andere sprechen von sieben Zacken für die sieben Meere. Ich finde sechs Zacken ideal, da es viele sechskardeelige Plattings gibt, die einem die Wahl lassen, mit wel-

chem Kardeel man beginnt. Lassen Sie sich nicht von seiner Komplexität entmutigen, sondern betrachten Sie ihn als eine Abfolge einfacher Schritte in einem regelmäßigen Muster. Jede Lage des Knotens muss formvollendet gestaltet werden. Holen Sie ihn nicht vollständig dicht, bis Sie den gesamten Knoten angefertigt haben. Es wird Ihnen sehr helfen, wenn jedes Kardeel eine andere Farbe besitzt. Nur Mut! Nehmen Sie sich Zeit, es ist kein unmögliches Unterfangen. Nachdem Sie den Knoten beendet haben, können Sie die Enden zu Quasten arbeiten, oder weitere Plattings anfertigen.

Als Alternative können Sie den Stern beenden, indem Sie die Enden zu Buchten legen, oder eine Doppelte Krone anfertigen.

1 Beginnen Sie mit sechs Kardeelen, die Sie entweder zusammengebunden, oder zu einer Sechs-Strang-Platting geknüpft haben (in diesem Fall eine Drei + Drei-Strang-Kronen-Platting).

2 Legen Sie eine Reihe miteinander verbundener Augen. Diese werden die Zacken des Sterns bilden.

3 Binden Sie im Uhrzeigersinn eine Krone. Achten Sie darauf, dass alles sauber und straff angeordnet ist.

Weiter auf Seite 70.

4 Legen Sie aus jedem Kardeel ein Auge. Wiederholen Sie dabei das den Zacken zugrunde liegende Muster.

5 Richten Sie die Kardeelen so aus, dass Sie der Richtung der in Schritt 3 angefertigten Krone folgen.

6 Führen Sie nun jedes Kardeel der Reihe nach durch die kleine Öffnung in der Spitze des Sterns. Führen Sie dabei alle durch beide Schichten des Sterns.

7 Drehen Sie den Knoten um, damit Sie ihn von unten sehen können. Legen Sie schrittweise Augen, deren Enden Sie durch die Mitte des Knotens nach oben führen. Nachdem Sie alle Kardeelen durchgezogen haben, müssen Sie den Knoten systematisch zusammenziehen. Holen Sie ihn Schritt für Schritt dicht.

8 Seitenansicht eines aufgesetzten Sterns. Sie können nun Ihre Platting fortsetzen, eine Quaste arbeiten, oder den Knoten mit einer Doppelkrone beenden.

9 Wenn Sie die Arbeit mit einem Doppelten Kronenknoten abschließen möchten, binden Sie zunächst eine Krone, indem Sie jedes Kardeel mit dem folgenden verbinden. Ziehen Sie nun jedes Kardeel der Reihe nach durch die Mitte des Sternknotens nach unten, damit jedes Ende an einem anderen Punkt rund um den unteren Teil des Sternes herauskommt. Nachdem Sie alle Kardeelen durchgezogen und dicht geholt haben, können Sie an den unteren Austrittspunkten verschnitten werden.

10 und 11 Der vollendete Knoten.

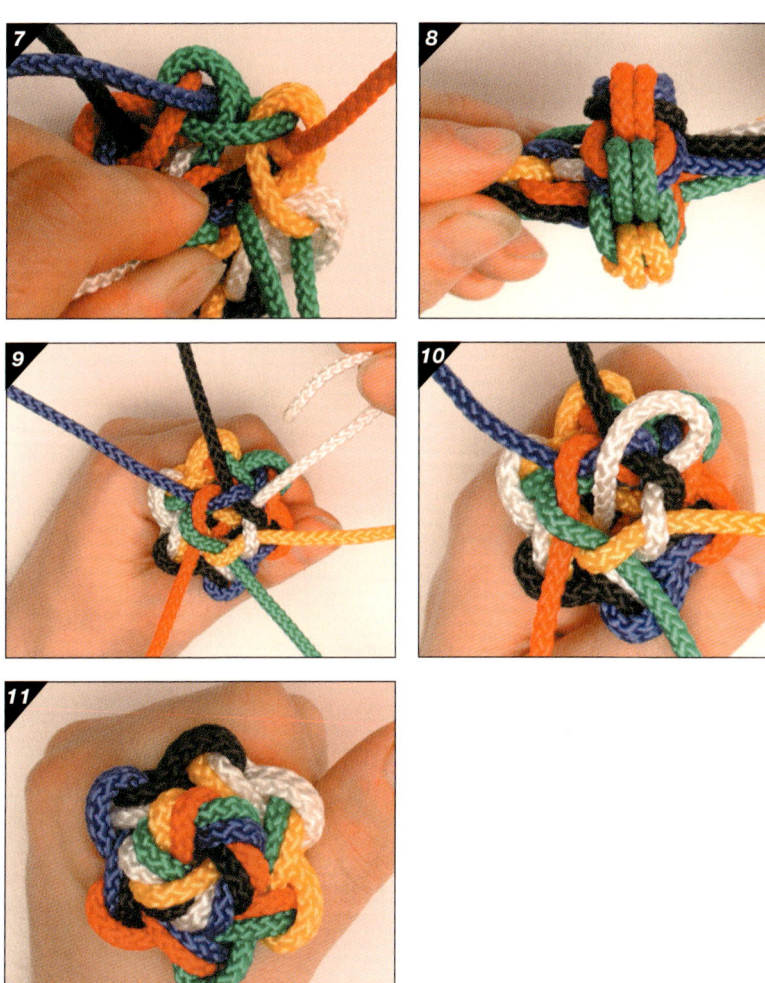

Taklinge & deren Varianten

Ein Takling ist eine aus Takelgarn angefertigte Bindung am Tampen einer Leine, die deren Aufdrehen verhindert. Ausgehend vom Einfachen Takling lassen sich viele Varianten entwickeln, die entweder sicherer oder dekorativer sind.

Verzeichnis der Taklinge

Einfacher Takling

Er wird manchmal auch Gewöhnlicher Takling genannt. Mit dem Einfachen Takling lassen sich die Tampen jeder Art von Tauwerk vor dem Ausfransen schützen. Er kann dazu verwendet werden, in der vollen Länge eines Taus Markierungen zu setzen. Hier gilt, was für alle Taklinge gilt: Legen Sie die Törns so eng wie möglich! Seien Sie vorsichtig, wenn Sie den Tampen verstecken. Beim Ziehen am Takelgarn können Sie sich leicht in die Finger schneiden. Wickeln Sie das Garn um einen Dorn anstatt um den Finger. Am besten ist es allerdings, wenn Sie einen Marspiekerschlag binden (siehe Seite 128). Derselbe Takling kann auch verwendet werden, um die Ringe an einer Angelrute zu befestigen, oder einen Werkzeuggriff am weiteren Aufsplittern zu hindern.

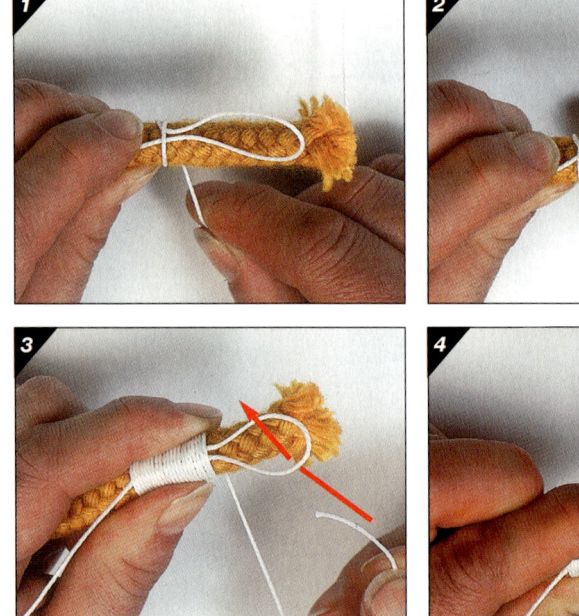

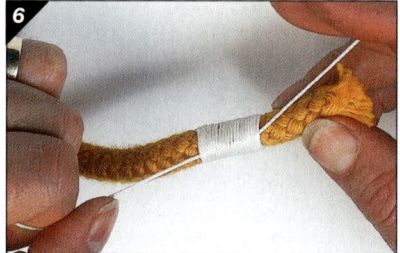

1. Legen Sie eine Bucht in das Takelgarn, und wickeln Sie das Garn um das untere Ende der Bucht. Unter dem Takling sollte ein kurzes Stück Garn hervorragen.

2. Wickeln Sie in Richtung Tampen und Bucht enge Törns um das Tau.

3. Legen Sie so viele Törns, bis der Takling die angemessene Länge besitzt. Ziehen Sie jeden Törn ordentlich fest. Aus dem Takling sollte noch ein Stück der Bucht herausragen.

4. Führen Sie das Ende des Takelgarns durch die Bucht.

5. Halten Sie das Arbeitsende des Takelgarns straff, während Sie am kurzen Ende ziehen, um die laufende Part einzuklemmen.

6. Durch starkes Ziehen am kurzen Ende wird die laufende Part unter die Mitte des Taklings geschoben.

7. Verschneiden Sie die Tampen des Taklings und des Taus.

8. Der fertige Takling.

West-Country-Takling

Der beste Verwendungszweck dieses erstmalig im Jahre 1848 von George Biddlecombe in *The Art of Rigging* beschriebenen Taklings ist das Zusammenhalten der Tampen eines langen Taus oder Kabels. Der erste Knoten stoppt jegliche Bewegung der Tampen. Die vom Ende weg, rund um das Tau gebundenen, mit einem Reffknoten abgeschlossenen Überhandknoten sorgen dafür, dass sich der Takling nur sehr langsam löst. Die losen Enden würden bemerkt, und der Takling kann ausgewechselt werden, bevor weiterer Schaden entsteht.

1 Legen Sie das Takelgarn mittig um den Tampen, und binden Sie den ersten Teil eines Überhandknotens.

2 Führen Sie die Enden erneut um das Tau für einen zweiten Überhandknoten.

3 Wiederholen Sie diesen Schritt an der Vorderseite des Taus.

4 Setzen Sie an Vorder- und Rückseite weitere Überhandknoten auf, bis der Takling seine volle Länge erreicht hat.

5 Beenden Sie den Takling mit einem Reffknoten.

Französischer Takling

Die Reihe Halbe Schläge ist in derselben Weise angeordnet wie beim West-Country-Takling, sieht jedoch sauberer aus. Auch hier wird empfohlen, die Törns vom Ende des Taus weg zu legen.

Ein langer Französischer Takling schmückt sowohl einen Werkzeuggriff als auch ein Steuerrad und erhöht deren Griffigkeit. Seien Sie vorsichtig, wenn Sie einen langen Takling anfertigen. Sie scheuern sich die Finger wund, ohne es zu merken.

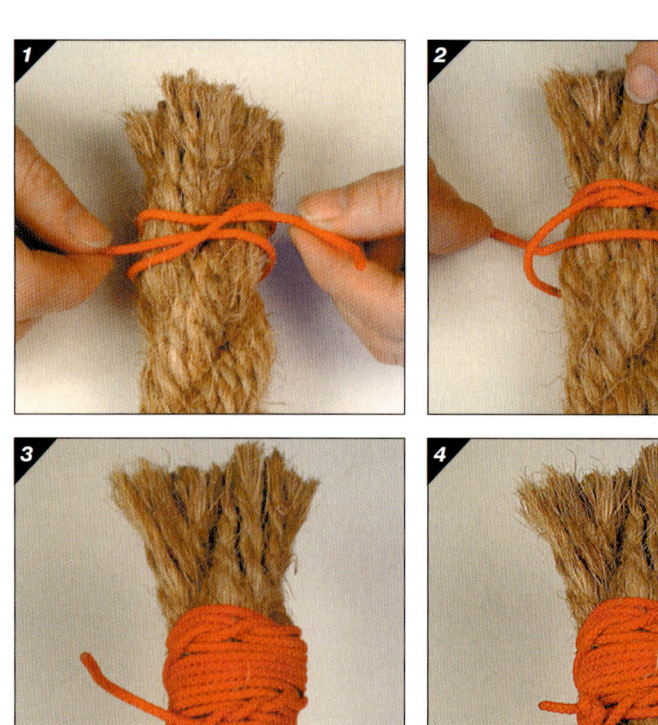

1   Binden Sie zuerst einen
    Webeleinenstek oder einen
    Würgeknoten um den Tam-
    pen. Lassen Sie ein Ende
    des Takelgarns kurz, das
    andere lang.

2   Machen Sie mit dem lan-
    gen Ende einen Halben
    Schlag um das Tau, um
    das kurze Ende festzu-
    klemmen.

3   Schlagen Sie weitere
    Törns. Arbeiten Sie vom
    Tampen des Taus weg,
    bis der Takling lang genug
    ist. Ziehen Sie jeden Törn
    sehr fest.

4   Binden Sie die Tampen
    des Takelgarns mit einem
    Überhandknoten zusam-
    men, und arbeiten Sie ihn
    so nah wie möglich an
    den letzten Halben Schlag.
    Der Überhandknoten ver-
    hindert das Lockern der
    Törns.

Genähter Takling auf geflochtenem Tauwerk

Geflochtenes Tauwerk, vor allem solches mit einer Seele, benötigt einen Takling, der das Ausfransen der Tampen und die Bewegung des Mantels um die Seele verhindert. Da die Tampen geflochtenem Tauwerks auf einer Yacht starken Belastungen unterliegen, ist hier ein sehr sicherer Takling notwendig. Die Anfertigung eines Genähten Taklings erfordert nicht nur Geduld, sondern auch einen Segelmacher-Handschuh und entsprechende Nadeln. Doch der fertige Takling wird wärmstens empfohlen, denn er ist sehr sicher und sieht gut aus.

Wenn Sie genügend Zeit haben, kann es nicht schaden, einige Zentimeter vom ersten entfernt, einen zweiten Takling zu setzen.

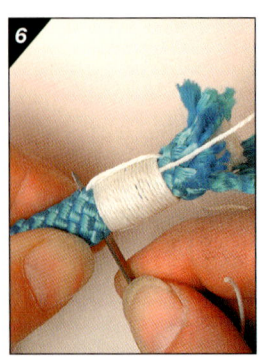

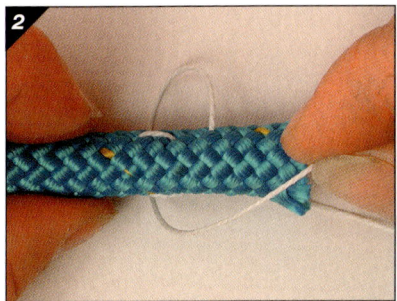

1   Stechen Sie ein paar Mal in Richtung des Tampens durch das Seil, und holen Sie das lose Ende des Garns durch die Schlaufen, damit es nicht herausrutscht.

2   Wickeln Sie das Garn eng um das Tau.

3   Arbeiten Sie den Takling vom Tampen weg, bis er die angemessene Länge hat.

4   Stechen Sie die Nadel am Fuß des Taklings in das Tau, und ziehen Sie diese direkt gegenüber wieder heraus.

5   Führen Sie das Garn zum Kopf des Taklings, und stechen Sie die Nadel erneut durch das Tau. Führen Sie diese nach unten zur anderen Seite des Taklings. Stechen Sie die Nadel wieder durch das Tau, so dass sie am ersten Einstich austritt.

6   Wiederholen Sie diese Schritte, damit an beiden Seiten des Taklings zwei Stränge sitzen.

7, 8   Beenden Sie den Takling wie ein Rundbändsel (siehe Seite 86), und verschneiden Sie den Tampen des Taus.

9   Genähter Takling auf geflochtenem Tauwerk.

Genähter Takling auf dreikardeeligem Tauwerk

Er wird auf eine dem Genähten Takling für geflochtenes Tauwerk sehr ähnliche Weise angefertigt und ist ein sehr dekorativer sowie überaus sicherer Takling. Auch hier bietet es sich an, einen vom ersten Takling einige Zentimeter entfernten, zweiten Takling anzufertigen.

1 Stechen Sie ein paar Mal in Richtung des Tampens durch das Seil, und ziehen Sie das lose Ende des Garns durch die Schlaufen, damit es nicht herausrutscht.

2 Wickeln Sie das Takelgarn nun eng um das Tau.

3 Arbeiten Sie den Takling vom Tampen weg, bis er lang genug ist.

4 Stechen Sie die Nadel in eine Rille zwischen zwei Kardeelen, auch Keep genannt, und ziehen Sie diese an einer anderen wieder heraus.

5 Folgen Sie der Keep bis zum Ende, und ziehen Sie die Nadel durch den Anfang der nächsten.

6 Wiederholen Sie diese Schritte, bis in jeder Keep ein Stück Garn sitzt. Fahren Sie anschließend fort, bis in jeder Keep zwei Stränge Garn sitzen.

7 Beenden Sie den Takling wie ein Rundbändsel (siehe Seite 86), und verschneiden Sie den Tampen des Taus.

8 Genähter Takling auf dreikardeeligem Tauwerk.

Segelmachertakling

Der Segelmachertakling sieht genauso
aus wie der Genähte Takling, wird aber
ohne Nadel und Faden hergestellt. Er ist
sehr sicher. Der Segelmachertakling kann
ausschließlich ans Ende eines dreikardeeligen Taus gebunden werden. Achten
Sie zu Beginn Ihrer Arbeit darauf, dass
Sie nicht den Schlag des Taus verlieren,
wenn Sie den ersten Törn zwischen die
Kardeelen legen. Sichern Sie jeden Törn
mit einem festgezogenem Reffknoten.

1 Drehen Sie das Tau an dessen Ende auf. Die Kardeelen sollten möglichst viel Schlag behalten. Legen Sie eine Bucht so um ein Kardeel, dass Arbeits- und passives Ende zwischen den beiden anderen Kardeelen herauskommen.

2 Drehen Sie die Kardeelen wieder zusammen, und schlagen Sie mit dem Arbeitsende des Takelgarns einen Törn um das Tau. Lassen Sie das kurze stehende Ende und die Bucht unberührt.

3 Machen Sie mehrere Törns in Richtung Tampen des Taus.

4 Bringen Sie die Bucht über das Ende des Kardeels, um welches sie gelegt wurde. Das Garn sollte der Richtung folgen, in der das Kardeel geschlagen ist.

5 Ziehen Sie am kurzen stehenden Ende, um die Bucht am Kardeel zu befestigen.

6 Führen Sie nun das stehende Ende, der Richtung der Drehung folgend, nach oben.

7 Verbinden Sie festes und aktives Ende in der Mitte des Taus mit einem Reffknoten.

8 Verschneiden Sie abschließend die Enden des Taklings.

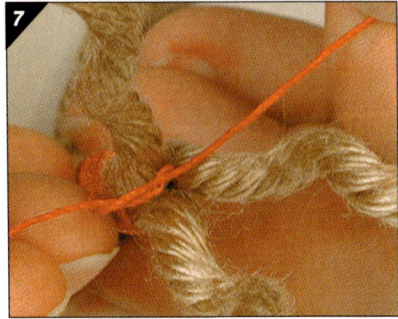

Rundbändsel

Ein Rundbändsel ist eine Art längerer Takling, der zwei Stränge Tauwerk verbindet. Es wird oft verwendet, um ein Auge in einem Tau zu formen. Die Straffheit des Bändsels erzeugt starke Reibung. Eine Reihe gut gemachter Rundbändsel kann starken Belastungen standhalten. Zu Zeiten der Segelschifffahrt wurden die Wanten, die schweren Taue zum Stützen der Masten, mit einer ganzen Reihe Bändsel abgeschlossen. Für sehr lange Wanten aus Stahldrahttauwerk würde das Rundbändsel zwar aus Draht sein, aber auf dieselbe Art hergestellt werden.

1 Beide Parten des Taus werden mit einem Würgeknoten verbunden.

2 Legen Sie vom Ende weg mehrere Törns, und bedecken Sie damit das freie Ende des Würgeknotens.

3 Ziehen Sie den letzten Törn besonders straff, nachdem das Rundbändsel die angemessene Länge hat.

4 Stecken Sie das Arbeitsende zwischen die beiden Stränge des Taus, und legen Sie es längs über die bisher gemachten Törns. Diese Törns bezeichnet man als Kreuztörns.

5 Schlagen Sie zwei volle Reihen Kreuztörns.

6 Stecken Sie das Arbeitsende unter den ersten Kreuztörn, und holen Sie es zwischen beiden wieder hervor.

7 Formen Sie das Garn zur Bucht, und führen Sie diese von außen unter dem zweiten Kreuztörn hindurch, so dass es zwischen beiden wieder hervorkommt. Dieser Schritt wird das Rundbändsel sichern.

8 Holen Sie das Rundbändsel nun dicht, und binden Sie einen Überhandknoten in das Garn, damit es sich nicht löst.

9 Das vollendete Rundbändsel.

Nähen und Bändseln

Es kann sehr schwer sein, ein festes Auge
an die Tampen geflochtenen Tauwerks
zu bringen. Ein stabiles Auge lässt sich
allerdings herstellen, indem man die
Stränge des Taus zusammennäht und
darüber ein Bändsel setzt. Zum Nähen
benötigen Sie Segelmacherhandschuh
und -nadel. Es empfiehlt sich, nach
der ersten Hälfte der gelegten Törns
einen zusätzlichen Stich anzubringen.
Er macht das Bändsel sicherer. Sollte
eine Hälfte brechen, wird die andere
solange halten, bis eine Reparatur
durchgeführt werden kann. Legen
Sie die Törns so straff und eng wie bei
allen anderen Bindungen.

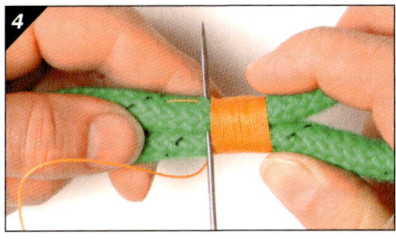

1. Legen Sie eine Bucht in das Tau, und stechen Sie durch beide Parten. Halten Sie dabei das Ende des Garns fest, damit es nicht herausrutscht.
2. Ziehen Sie das Garn fest.
3. Legen Sie die ersten Törns um die Einstiche.
4. Stechen Sie durch eine Part, nachdem die Hälfte der Törns geschlagen ist.
5. Führen Sie das Garn um die Part herum, und stechen Sie durch die andere Part, bevor Sie fortfahren, Törns zu legen.
6. Stechen Sie das Garn zwischen die Parten, und führen Sie es nach oben. Schlagen Sie nun zwei Kreuztörns.
7. Beenden Sie den Stopp als Bändsel.
8. Das fertige Bändsel.

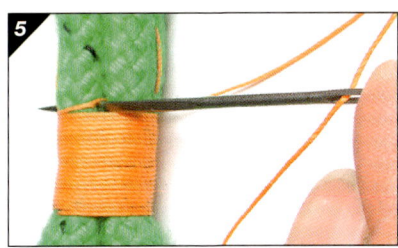

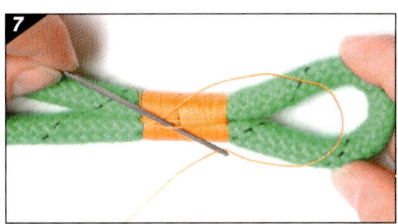

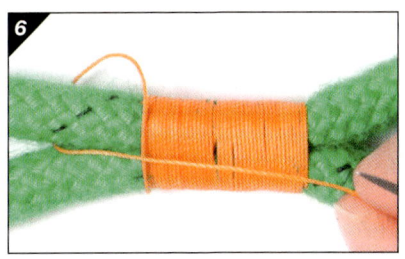

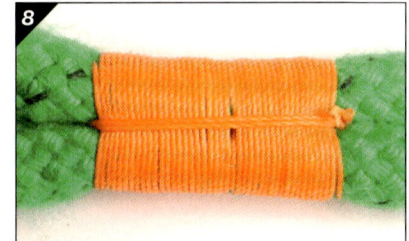

Moku-Umknotung

Mit einer Moku-Umknotung kann man einen Griff oder ein Steuerrad wundervoll verzieren. Man kann sie sich als die zweifache Ausführung des Französischen Taklings (siehe Seite 78) vorstellen, bei dem beide Teile in verschiedene Richtungen gehen. Beginnen Sie mit einem mittigen Würgeknoten (siehe Seite 107), und arbeiten Sie die Schläge in abwechselnde Richtungen. Machen Sie sich die Mühe vorher eine Attrappe herzustellen, um die benötigte Menge Leine zu ermitteln, da Sie während des Arbeitens keine zusätzliche Leine anknüpfen können.

Geben Sie anschließend etwas dazu, um völlig sicher zu sein. Denn die wirkliche Moku-Umknotung muss straffer und dichter sitzen als die Attrappe.

1 Binden Sie mittig einen Würgeknoten.

2 Machen Sie mit der rechten Leine einen Halben Schlag nach rechts, indem Sie die Leine um den Stab und durch die so entstandene Schlaufe führen.

3 Legen Sie mit der linken Leine einen Halben Schlag nach links.

4 Wiederholen Sie diese Törns, zunächst nach rechts, anschließend nach links.

5 Die Törns treffen sich schließlich am Rücken des Stabes.

6 Fahren Sie an der Schnittstelle mit dem jeweils oben liegenden Ende fort, Törns zu schlagen.

7 Wiederholen Sie die Schritte, bis die Moku-Umknotung ihre volle Länge erreicht hat.

Ringbolzenknotung

1 Binden Sie drei Stränge mit Hilfe eines Würgeknotens (s. S. 107) an einen Stab.

2 Legen Sie mit dem mittleren Strang einen Törn nach rechts um den Stab.

3 Schlagen Sie den rechten Strang nach links und den linken nach rechts um den Stab.

4 Machen Sie einen weiteren Schlag mit dem zuerst benutzten Strang, er steht nach rechts ab, schlagen Sie diesen nach links.

5 Legen Sie nun einen Törn, mit dem Strang, der am weitesten unten liegt. Schlagen Sie diesen entgegengesetzt zu der Richtung, in die er absteht.

In Zeiten bevor Ankertrossen aus Ketten angefertigt wurden, befestigte man die schwere Ankertrosse aus Hanf mit vielen Tauen an auf Deck des Schiffes eingelassenen Ringbolzen. Um Abrieb und Abnutzung vorzubeugen, wurden die Ringbolzen bekleedet. Da der äußere Umfang des Ringes größer ist als der innere, ergäben sich beim bloßen Umwickeln Lücken, die schließlich zum Lösen der Bindung führen würden. Dieser Tendenz kann erfolgreich entgegen gearbeitet werden, indem man drei Stränge verwendet, die in abwechselnde Richtungen geschlagen werden. Wird die Ringbolzenknotung sorgfältig gearbeitet, sieht sie teilweise einer Drei-Strang-Platting ähnlich. Die Bindung eignet sich ideal, um alle möglichen runden und gebogenen Gegenstände zu bekleeden, sei es ein Ring- bolzen, ein Augbolzen oder der Henkel eines Kessels.

6 Machen Sie weitere Törns, bis die Ring- bolzenknotung die angemessene Länge erreicht hat.

St.-Marien-Umknotung

Diese Variante der französischen Umknotungen wurde
von Brion Toss gefunden. Er benannte sie nach einer
hübschen kleinen Kirche in Anacortes, Washing-
ton. Die Schläge in den drei Strängen werden
immer in dieselbe Richtung gemacht.
Die Stränge müssen äußerst sauber
liegen, damit sie den Effekt einer
Spirale erzeugen.

Fertigen Sie
zunächst eine
Attrappe an, um sicher
zu gehen, dass Sie Tau-
werk von ausreichen-
der Länge für die
St.-Marien-Umknotung
haben.

1 Binden Sie die drei Leinen mit einem Würgeknoten (siehe Seite 107) an die Spiere.
2 Machen Sie mit dem linken Strang einen
   Halben Schlag nach rechts.

3 Schlagen Sie den nächsten Strang ebenfalls nach rechts.

4 Wiederholen Sie diesen Schritt mit dem
dritten Strang.

4 Machen Sie nun wieder mit dem ersten
Strang einen Schlag nach rechts, und
fahren Sie mit den anderen Strängen
fort.

6 St.-Marien-Umknotung in voller Länge.

Bändselknoten

Bändselknoten bindet man gewöhnlich um einen Gegenstand oder ein Bündel. Sie können aber auch dichtgeholt werden, um nicht zu verrutschen. Sie sind nicht geeignet, zwei Taue miteinander zu verbinden, da sie leicht zusammenfallen, wenn keine Spannung auf ihnen liegt.

Verzeichnis der Bändselknoten

Reff- oder Kreuzknoten

Dieser Knoten eignet sich nicht, um zwei Taue aneinander zu binden, sondern um die Tampen einer um einen Gegenstand befindlichen Bindung zu verknüpfen. Für den Seemann ist dieser Gegenstand das Paket, was beim Reffen der Segel entsteht. Zieht man an einem Arbeitsende, fällt der Knoten zusammen und kann gelöst werden. Die alten Griechen und Römer glaubten, dass Herkules diesen Knoten erfunden hätte; sie sprachen ihm magische Kräfte zu, darunter das schnelle Heilen von Wunden. Da er sehr flach ist, ist er noch heute der beste Knoten, um die Enden einer Bandage oder Schlinge zu verbinden. Die zweite Hälfte des Knotens wird immer in der entgegengesetzten Richtung gemacht, damit er auch wirklich flach liegt.

1 Kreuzen Sie das linke über das rechte Arbeitsende.

2 Führen Sie das linke um das rechte Arbeitsende herum.

3 Kreuzen Sie nun das auf der rechten Seite befindliche aktive Ende über das auf der linken Seite befindliche.

4 Führen Sie das obere so durch das untere Arbeitsende, dass das gerade bewegte Ende, auf der ursprünglichen Seite herauskommt. Holen Sie den Knoten dicht.

5 Der vollendete Knoten.

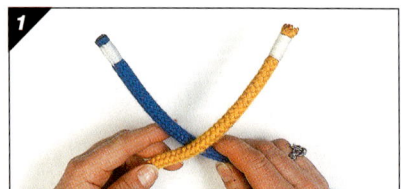

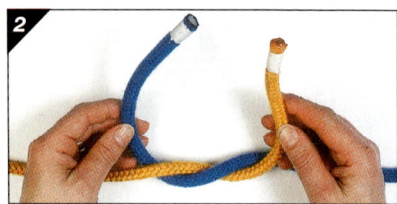

Reffknoten auf Slip oder Schleife

Auf dieselbe Art, auf die ein Überhandknoten zu einem Überhandknoten mit laufender Bucht gebunden werden kann, indem man mit einer Bucht oder Schlaufe arbeitet anstatt mit einem aktiven Ende, kann der Reffknoten zu einem Slipknoten variiert werden. In der zweiten Hälfte werden die aktiven Enden zu Buchten gelegt, bevor man weiter arbeitet. So entsteht ein Reffknoten auf Slip, manchmal auch als „Schleife" bezeichnet. Der Knoten lässt sich leicht lösen, wenn man an den kurzen Enden zieht.

1 Beginnen Sie den Knoten als Reffknoten. Legen Sie jedoch anschließend in jedes Ende Buchten.
2 Führen Sie die rechte über die linke Bucht und unter ihr hindurch.
3 Der fertige Knoten.

Altweiberknoten

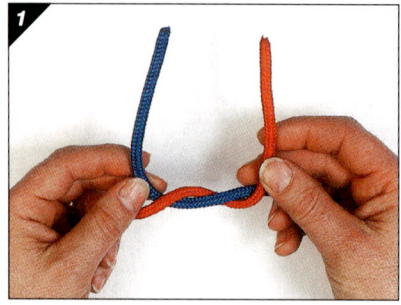

Wenn man sich am Reffknoten versucht, die zweite Hälfte jedoch nicht korrekt und gleichmäßig zur ersten ausrichtet, erhält man einen Altweiberknoten. Er lässt sich kaum lösen, wo es verlangt wird, ist aber trotzdem nicht sicher. Beachten Sie, wie die Arbeitsenden im rechten Winkel zum Knoten abstehen. Man sagt, die Gorillas verknoteten auf diese Weise Kletterpflanzen, um ihre Behausungen zu bauen. Vielleicht sollte man den Knoten deshalb eher Gorilla- und nicht Altweiberknoten nennen!

1 Fangen Sie den Knoten wie den Reff-knoten an: linkes kreuzt rechtes Arbeits-ende.
2 Führen Sie das linke noch einmal über das rechte Arbeitsende und anschlie-ßend darunter durch.
3 Der Altweiberknoten.

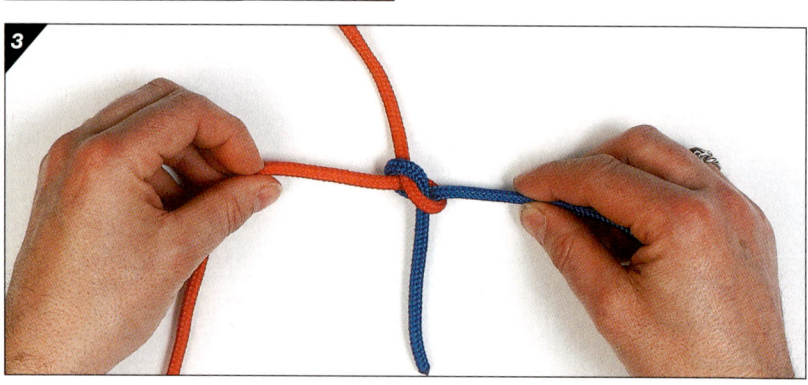

Diebesknoten

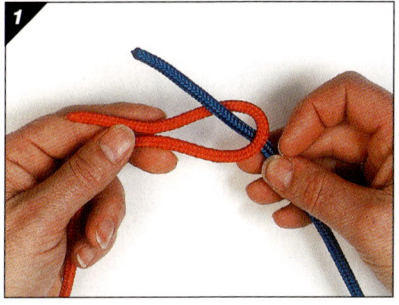

Der Diebesknoten ist dem Reffknoten sehr ähnlich, allerdings befinden sich die Arbeitsenden hier an den gegenüberliegenden Seiten des Knotens. Dieser Unterschied ist nicht sehr offensichtlich, es sei denn, man sucht danach. Wenn man glaubte, dass ein Lager nicht sehr sicher wäre, band man diesen Knoten um einen Sack oder einen Beutel. Nachdem er den Diebesknoten gelöst hätte, würde der unverdächtig wirkende Übeltäter den Sack mit einem Reffknoten wieder verschnüren und seine illegalen Aktivitäten damit offensichtlich werden lassen. Das Anfertigen dieses Knotens sollte Ihnen das Verständnis des Bindens von Knoten, ihrem Aussehen und ihrer Form erleichtern. Abgesehen davon und von der Möglichkeit, eine Geschichte um das Knoten zu erzählen, besitzt er wenig Nutzen.

1 Legen Sie am Ende des linken Taus eine Bucht, und halten Sie diese fest. Stecken Sie das Arbeitsende des rechten Taus durch die Bucht.
2 Führen Sie das rechte aktive Ende hinter dem kurzen Ende um die Bucht herum.
3 Stecken Sie das Arbeitsende durch die Bucht des linken Taus. Sie erhalten eine dem Reffknoten ähnliche Form, bei der sich die kurzen Enden jedoch an den gegenüberliegenden Seiten des Knotens befinden.

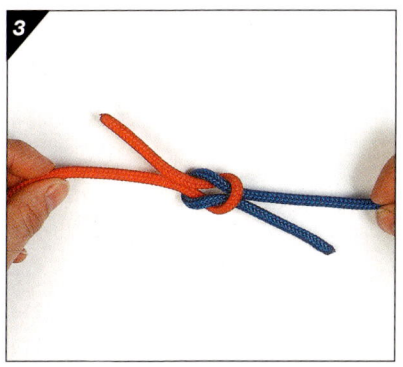

Chirurgenknoten

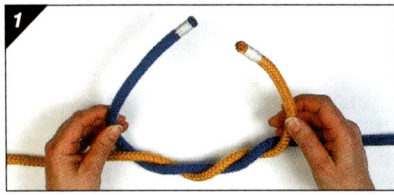

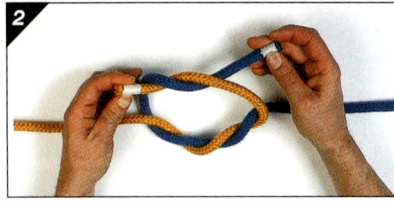

Der Chirurgenknoten basiert auf dem Reffknoten, besitzt allerdings mehr Törns als dieser. Wenn Chirurgen im Körperinneren Nähte anbringen, binden Sie die Knoten mit Zangen. Für den alltäglichen Gebrauch mit ganz gewöhnlichem Material sind Hände und Finger allerdings ebenso gut geeignet. Beginnen Sie zunächst wie beim Reffknoten. Schlagen Sie ein Arbeitsende jedoch ein weiteres Mal unter, damit der Knoten nicht verrutscht, wenn der zweite Teil gebunden wird. Man kann entweder wie beim Reffknoten einen abschließenden Törn in der oberen Hälfte legen, oder zwei Törns, wie im unteren Teil des Knotens. Der Chirurgenknoten ist ein sehr nützlicher Knoten für schwer kontrollierbare Bündel, wie ein eingerolltes Zelt, eine Schaumstoffmatratze oder ein anderes sehr weiches Paket.

1 Beginnen Sie wie beim Reffknoten, schlagen Sie das linke Arbeitsende jedoch ein weiteres Mal um das aktive Arbeitsende.
2 Führen Sie das jetzt rechts befindliche Arbeitsende um das linke.
3 Schlagen Sie das linke Arbeitsende ein zweites Mal unter.
4 Holen Sie den Knoten dicht. Sie sehen nun, dass der Chirurgenknoten flach wie ein Reffknoten ist.
5 Der vollendete Knoten.

Turquoise Turtle

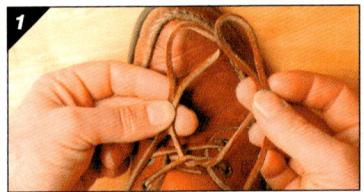

Benannt von Brion Toss, nachdem er in einer Boutique mit Namen „The Turquoise Turtle" gesehen hatte, wie man Päckchen damit verschnürte, ist dieser Knoten wahrscheinlich der beste, um Schnürsenkel zu binden. Manche Leute bezeichnen ihn auch tatsächlich als „Schuhhändlerknoten".

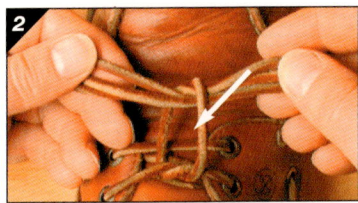

Man kann diesen Knoten entweder als Reff- oder als Chirurgenknoten beginnen, abhängig vom Abstand der Ösen des Schuhs. Die zweite Hälfte des Knotens ist ein mit Schlaufen gebundener Chirurgenknoten, so als wollten Sie eine Schleife binden. Sie können die Mitte des Knotens mit dem Daumen noch etwas ausrichten, damit er den ganzen Tag sauber sitzt und hält. Wenn Sie Ihren Turquoise Turtle korrekt gebunden haben, können Sie ihn mit einem Zug an den kurzen Enden lösen.

1 Starten Sie mit einem Reffknoten (siehe Seite 98), und legen Sie die Bänder zu Buchten wie beim Reffknoten auf Slip.

2 Schlagen Sie die rechte Bucht um die linke. Sie haben nun einen Reffknoten auf Slip. Lassen Sie eine Öffnung in der Mitte des Knotens.

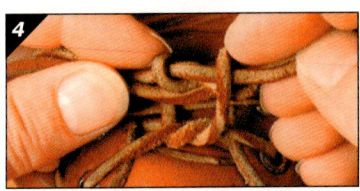

3 Führen Sie das rechte Bündel, welches aus der Schlaufe und einem Ende des Bandes besteht, durch die Öffnung.

4 Ziehen Sie den Knoten zusammen. Arbeiten Sie dabei den kreuzenden Strang auf der rechten Seite in die Mitte der Schleife.

5 Holen Sie den Knoten abschließend noch einmal dicht.

Webeleinenstek

Schnell und einfach zu binden, besteht der Webeleinenstek aus zwei Halben Schlägen oder Augen, die in dieselbe Richtung gelegt werden. Er wird verwendet, um Knoten, wie den Rundtörn und zwei Halbe Schläge sowie verschiedene Arten Laschings, zu sichern. Er ist aber auch für sich genommen ein nützlicher Knoten. Er gibt einen idealen Kreuzknoten ab, wenn ein Gebiet mit Tauwerk eingegrenzt bzw. abgesteckt werden soll. Bootsfahrer benutzen den Webeleinenstek, um ein kleines Boot schnell an einem Poller oder Pfahl festzumachen. Diese Idee ist nicht besonders gut, es sei denn, es handelt sich um eine vorübergehende Lösung, da sich der Knoten schnell löst. Ein weiterer Halber Schlag um die stehende Part hilft, das Problem zu vermeiden. Dennoch gibt es dafür, je nach Situation, bessere Knoten, wie den Rundtörn und zwei Halbe Schläge oder den Palstek.

Methode # 1 (links)

Bei dieser Methode, wird der Webeleinenstek in die Mitte einer Leine gebunden. Er muss in diesem Fall aber über einen Pfahl, eine Spiere oder einen Poller gelegt werden.

1 Legen Sie in der Mitte der Leine ein Auge oder einen Halben Schlag, indem Sie die linke über die rechte Part kreuzen.
2 Machen Sie rechts vom ersten Auge einen weiteren Halben Schlag in derselben Anordnung.
3 Bringen Sie das rechte über das linke Auge.
4 Nun können Sie das Paar Augen über einen Pfahl legen.

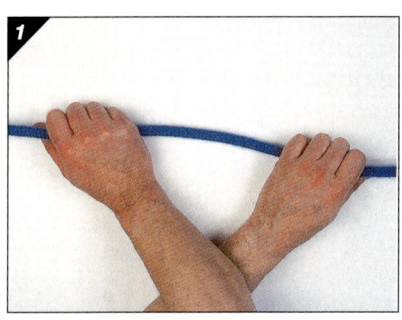

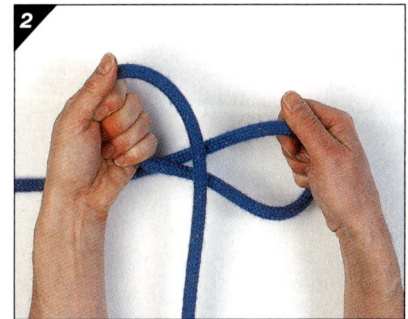

Methode # 2 (rechts)

Das ist die Methode, um Ihre Freunde zu beeindrucken: Eine superschnelle Version von Methode # 1, ohne das Seil loszulassen.

1 Kreuzen Sie den rechten über den linken Arm, während Sie die Leine festhalten.
2 Bringen Sie Ihre Arme in die Ausgangsposition, ohne die Leine loszulassen.
3 Führen Sie das rechte Auge über das linke. Sie können den Webeleinenestek nun über jeden beliebigen Gegenstand legen.

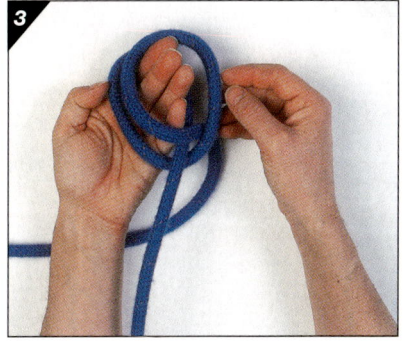

Methode # 3

Wenn Sie nur eine Methode lernen möchten, empfiehlt sich diese, da sie für alle Situationen geeignet ist. Sie ist die einzige Möglichkeit, wenn Sie keinen Zugang zum Ende des Pfahls, der Spiere oder des Pollers haben. Achten Sie darauf, dass die Schläge in die gleiche Richtung gehen. Sonst erhalten Sie einen Kuhstek, der noch unsicherer ist.

1 Legen Sie einen Törn um den Stock, und kreuzen Sie das Arbeitsende über die stehende Part. Das ist der erste Halbe Schlag.

2 Führen Sie das Arbeitsende um den Pfahl, und legen Sie es über den ersten Halben Schlag.

3 Bringen Sie das Arbeitsende unter den gerade gemachten Törn. So erhalten Sie den zweiten Halben Schlag und schließlich den Webeleinenstek.

4 Der vollendete Knoten.

Würgeknoten

Dieser Knoten ist eine sehr nützliche Weiterentwicklung des Webeleinensteks. Wenn Sie das Arbeitsende nur einmal mehr unterschlagen, haben Sie einen Knoten, den Sie um jeden beliebigen Gegenstand binden können. In dünnen Strick geschlagen, ergibt er einen idealen provisorischen Takling am Ende einer abgeschnittenen Leine. Er dient als runde Klammer sowohl für ein Hosenbein als auch für das Kleben eines Risses in einem rundem Stück Holz. Ein wirklich fester Knoten lässt sich binden, wenn man die Enden mit Hilfe eines Dorns oder Schraubenziehers dicht holt, vorzugsweise als Marlspiekerstek. Seien Sie aber gewarnt! Er ist so fest, dass er sich kaum lösen lässt. Sie müssen sich dann schon mit einem Dorn oder sogar einem Messer behelfen.

1 Beginnen Sie mit einem Webeleinenstek.

2 Führen Sie das Arbeitsende durch die stehende Part. Sie erhalten die erste Hälfte eines Reffknotens.

3 Holen Sie den Knoten abschließend so dicht, dass der Halbknoten unter dem kreuzenden Teil des Webeleinensteks versteckt ist.

Paketknoten

Er wird von Leuten benutzt, die alle möglichen Arten von Kartons, Bündeln, Paketen und Päckchen verschnüren müssen. Die beste Version dieses Knotens basiert auf einem Achtknoten, obwohl ein Überhandknoten fast genauso gut hält. Dieser Knoten mit durchgestecktem Ende bildet eine laufende Schlaufe. Sobald er um einen Gegenstand gebunden wird, beginnt die Reibung zu arbeiten, bis der Knoten so straff wie möglich sitzt.

Wenn der Faden nicht sehr rutschig ist, wird der Knoten halten. Aus Sicherheitsgründen empfiehlt es sich, das Ende mit einem Halben Schlag zu sichern, nachdem der Knoten dichtgeholt wurde. Bei Bedarf kann man eine Reihe dieser Knoten unabhängig voneinander binden. Man kann aber auch einen Strick in rechten Winkeln so um das Paket führen, dass man zum Paketknoten zurückkommt, der noch einmal mit ein paar Halben Schlägen verknotet werden kann.

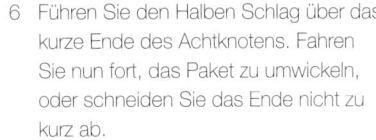

1 Schlagen Sie die Schnur um das Paket, und führen Sie das Arbeitsende unter der stehenden Part hindurch.

2 Legen Sie wie beim Achtknoten ein Auge in die lose Part.

3 Beenden Sie den Achtknoten.

4 Ziehen Sie an der stehenden Part. Der Achtknoten wird sich nun um den Strick zusammenziehen und schließlich greifen.

5 Machen Sie nun in die herausragende stehende Part einen Halben Schlag.

6 Führen Sie den Halben Schlag über das kurze Ende des Achtknotens. Fahren Sie nun fort, das Paket zu umwickeln, oder schneiden Sie das Ende nicht zu kurz ab.

Verbindungsknoten für zwei Leinen

Verbindungsknoten werden verwendet, um zwei Stücke Tauwerk zeitweise zusammenzubinden. Obwohl die meisten Verbindungsknoten nur für zwei Leinen mit derselben Stärke geeignet sind, gibt es mindestens einen für Leinen unterschiedlicher Stärke (siehe Seite 113). In dünnen Leinen aufgesetzte Verbindungsknoten lassen sich unter Umständen nur sehr schwer lösen.

Verzeichnis der Verbindungsknoten

Schotstek

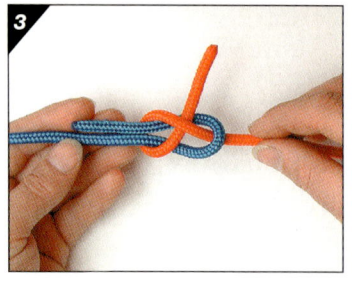

Der Schotstek ist eine der einfachsten und besten Möglichkeiten, zwei Stücke Tauwerk miteinander zu verbinden. Er lässt sich schnell und problemlos aufsetzen. Er funktioniert gut, wenn beide Leinen dieselbe oder fast dieselbe Stärke besitzen. Sind die Unterschiede größer, binden Sie einen Doppelten Schotstek. Der Schotstek war dem Menschen schon vor vielen Tausenden von Jahren bekannt. Der älteste gefundene Knoten war 9000 Jahre alt, ein in ein Stück Fischernetz gebundener Schotstek.

1   Legen Sie eine Bucht in das Ende einer Leine. Wenn die Leinen unterschiedlich stark sind, sollte die Bucht in der dickeren geformt werden. Führen Sie das Arbeitsende der zweiten Leine durch die Bucht.
2   Legen Sie mit dem Arbeitsende einen Törn um das kürzere Ende und die stehende Part der ersten Leine.
3   Bilden Sie nun ein Auge in der zweiten Leine, und ziehen Sie den Knoten fest.
4   Der fertige Schotstek.

Doppelter Schotstek

Unterscheiden sich die zwei Leinen wesentlich in ihrer Stärke, bindet man besser einen Doppelten Schotstek. Der mit der dünneren Leine zusätzlich gelegte Törn bewirkt einen großen Unterschied. Er verhindert das Ausslippen oder den Zusammenfall des Knotens.

1 Binden Sie einen Schotstek, und schlagen Sie anschließend mit dem Arbeitsende der dünneren Leine einen zweiten Törn um die Bucht.
2 Der vollendete Knoten.

Schotstek mit laufender Bucht

Wenn Sie eine Bucht legen, anstatt den Schotstek dicht zu holen, erhalten Sie einen Knoten, der sich schnell lösen lässt. Wie bei jedem anderen Knoten auf Slip sollten Sie darauf achten, dass der Knoten sauber geformt ist und die Bucht ordentlich sitzt.

Carrick-Knoten

Muster und Form des Carrick-Knotens sind auf der ganzen Welt bekannt. Einerseits wird er zum Verbinden zweier Stücke Tauwerk verwendet, andererseits bildet er auch die Grundlage vieler anderer ornamentaler Knoten. Der Carrick-Knoten ist vielleicht der perfekteste, schönste und gleichmäßigste aller Verbindungsknoten. Achten Sie beim Knüpfen darauf, dass die Arbeitsenden einander gegenüber liegen und nicht zu kurz sind, da der Knoten unter Belastung zusammenfällt. Er lässt sich sehr leicht lösen. In der Vergangenheit wurde der Knoten zum Verbinden sehr langer Kabel verwendet. In diesem Fall wurde er an die stehende Part gebändselt, damit er flach blieb und das Kabel um den Spill geführt werden konnte.

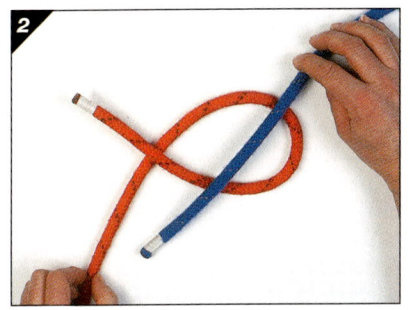

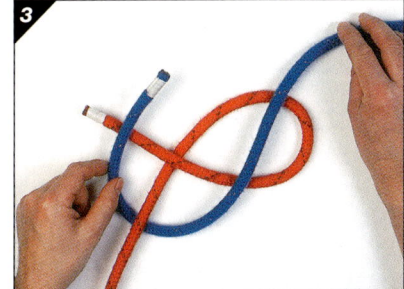

1 Bilden Sie in die erste Leine ein Auge
mit dem kurzen Ende über der stehenden
Part.

2 Legen Sie die zweite Leine über das
Auge. Die stehende Part dieser Leine
ist dabei entgegengesetzt zur stehenden
Part der ersten.

3 Führen Sie das aktive Ende der zweiten
Leine unter der stehenden Part der ersten hindurch, und legen Sie es anschließend auf deren kurzes Ende.

4 Bringen Sie das Arbeitsende der zweiten
Leine unter die erste Leine, über die
eigene stehende Part und wieder unter
die erste Leine. So erhalten Sie das
typische Muster des Carrick-Knotens.

5 Zusammengefallener Knoten.

6 Carrick-Knoten mit gebändselten
Tampen.

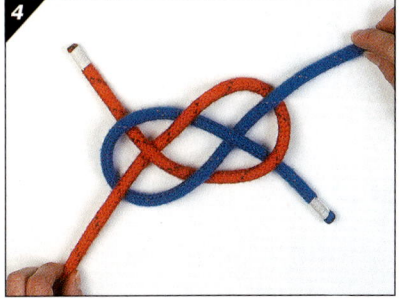

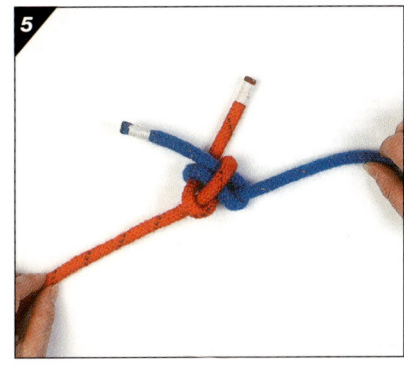

Englischer Knoten

Der aus laufenden, in die stehende Part aufgesetzten Überhandknoten bestehende Englische Knoten eignet sich hervorragend zum Verbinden von zwei dünnen Leinen. Hier lässt er sich allerdings nur schwer lösen. Achten Sie darauf, dass die Enden der Überhandknoten lang genug sind, um jegliches Slippen zu erlauben, dass sie parallel zur stehenden Part liegen und nicht im rechten Winkel abstehen. Sollten sie abstehen, binden Sie den Knoten noch einmal, damit sie flach liegen. Für Kletterer empfiehlt es sich, die Enden mit Klebeband an der stehenden Part zu befestigen, damit sie nicht slippen oder ausfransen. Binden Sie in sehr glatte Leinen den Doppelten Englischen Knoten.

1 Legen Sie die Leinen so nebeneinander, dass die Tampen in entgegengesetzte Richtungen zeigen. Führen Sie eine Leine zuerst um die andere herum, und legen Sie anschließend ein Auge.

2 Vollenden Sie den Überhandknoten um die zweite Leine.

3 Binden Sie nun einen Überhandknoten um die stehende Part der ersten Leine.

4 Lassen Sie die Knoten abschließend zusammenrutschen.

5 Der fertige Knoten.

6 Englischer Knoten mit verklebten Enden.

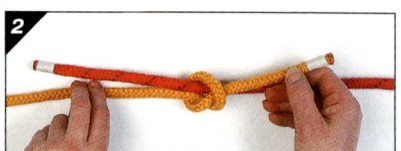

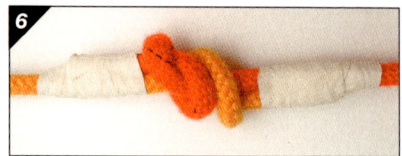

Doppelter Englischer Knoten

Diese für glatte Leinen ideale Version wird auch als Weintraubenknoten bezeichnet. Die Überhandknoten im Englischen Knoten werden hier durch Doppelte Überhandknoten ersetzt. Sie erhalten einen sehr sauberen, fast schönen Knoten.

1 Binden Sie mit der ersten Leine einen Doppelten Überhandknoten in die zweite Leine.
2 Setzen Sie einen Doppelten Überhandknoten in der ersten Leine auf. Holen Sie die Knoten dicht, und schieben Sie diese zusammen.
3 Der vollendete Knoten.

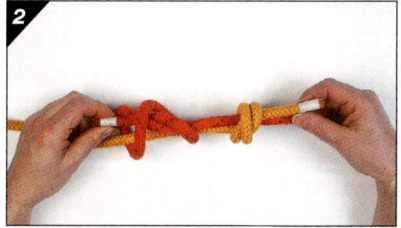

Englischer Knoten mit einer laufenden Bucht

Wenn Sie einen der Überhandknoten durch einen auf Slip gesetzten Überhandknoten ersetzen, lässt sich der Knoten leichter lösen. Achten Sie aber wie bei allen Knoten auf Slip darauf, dass der Knoten korrekt aufgesetzt wurde, damit die laufende Bucht nicht zufällig gezogen werden kann.

4 Binden Sie einen der Überhandknoten zu einem Überhandknoten mit laufender Bucht, den zweiten einfach.

Wasserknoten

Dieser einstige Favorit der Angler wurde schon im Jahre 1496 in dem von Juiana Berners, Priorin von Sopwell, verfassten Werk *Treatyse of Fyshing with an Angle* erwähnt. Der Wasserknoten ist ein weiterer gut geeigneter Knoten zum Verbinden von dünnen Leinen. Auch hier liegt ein Überhandknoten zugrunde. Allerdings wird ein zweiter parallel dazu gebunden. Die Leinen müssen sauber und gleichmäßig liegen. Heute ist er der beste Knoten zum Verbinden von starkem Gurtband, welches von Kletterern benutzt wird.

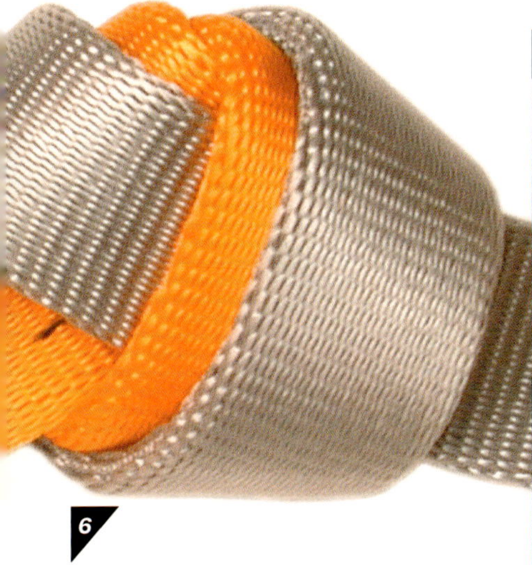

1 Binden Sie mit der ersten Leine einen
   Überhandknoten. Halten Sie diesen
   lose.
2 Folgen Sie vom Tampen ausgehend
   mit der zweiten Leine dem Überhandknoten der ersten Leine. Schlingen Sie
   die zweite Leine dabei um die erste.
3 Beenden Sie die Verdopplung.
4 Holen Sie den Knoten an beiden Enden
   und Parten dicht. Arbeiten Sie sehr
   sorgfältig, damit der verdoppelte Überhandknoten glatt und sauber liegt.
5 Der fertige Knoten.
6 In Gurtband gebundener Wasserknoten.

Blutknoten

Es gibt viele Knoten, die den Namen Blutknoten tragen. Diese Variante wird auch manchmal als Tonnenknoten bezeichnet. Angler verwenden ihn zum Zusammenbinden dünner Nylonschnüre. Bevor Sie ihn in dünne Anglerschnur aufsetzen, sollten Sie sich an etwas dickerer Schnur versuchen. Wenn man ihn in Anglerschnur bindet, schlägt man sehr viele Törns. Befeuchten Sie die Schnur mit dem Mund, damit Sie die Törns besser dichtholen können. Ist er einmal festgezogen, lässt er sich kaum lösen. Möchten Sie ihn dennoch lösen, müssen Sie zum Messer greifen.

1 Kreuzen Sie beide Leinen. Halten Sie diese jedoch leicht auseinander.

2 Wickeln Sie das Arbeitsende der linken Leine im S-Schlag um die rechte.

3 Führen Sie das Arbeitsende der gerade umwickelten Leine durch die schmale, mit der linken Hand gehaltenen Öffnung.

4 Wickeln Sie nun das andere Arbeitsende um die stehende Part. Arbeiten Sie wieder mit dem S-Schlag.

5 Wenn Sie genauso viele Törns wie in der ersten Hälfte geschlagen haben, führen Sie das Arbeitsende durch dieselbe Stelle wie das erste Ende. Die beiden Enden sollten in entgegengesetzte Richtungen zeigen.

6 Schieben Sie beide Hälften zusammen, während Sie den Knoten dicht holen. Achten Sie darauf, dass die Enden nicht herausrutschen. Anglerschnur lässt sich leichter dicht holen, wenn Sie diese vorher mit dem Mund befeuchten

7 Beide Hälften des Knotens sind in diesen dünnen Leinen sehr gut zu erkennen.

Hunters Knoten

Dieser Knoten wurde in großen Teilen der Welt berühmt, als er 1978 auf der Titelseite der Londoner *Times* erschien. Er wurde von Dr. Edward Hunter entdeckt und als vollkommen neuer Knoten gehandelt. Als die Nachricht um die Welt ging, stellte sich heraus, dass der in Kalifornien lebende Phil Smith diesen Knoten in seinem 1953 veröffentlichten Buch *Knots for Mountaineering* schon beschrieben hatte. Er nannte ihn Taklerknoten. Die von der Werbung geführte Korrespondenz führte dann schließlich zur Gründung der International Guild of Knot Tyers, der inzwischen mehr als 1000 Mitglieder weltweit angehören. Man kann durchaus sagen, dass dieser Knoten Menschen miteinander verbindet.

1 Legen Sie die Arbeitsenden zweier Leinen zusammen, und bilden Sie anschließend ein Auge. Halten Sie die Leinen flach und sauber.

2 Führen Sie das rechte Arbeitsende, das unter dem Auge liegen sollte, durch das Auge.

3 Bringen Sie das obere, linke Arbeitsende von hinten durch das Auge.

4 Holen Sie den Knoten dicht. Achten Sie darauf, dass die kurzen Enden nicht herausrutschen.

5 Der vollendete Knoten.

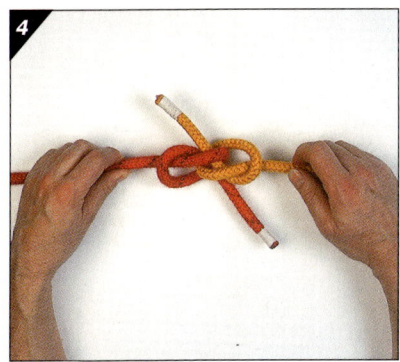

Ashleys Knoten

Clifford Ashley, der Autor des gewaltigen Werks *The Ashley Book of Knots*, erfand diesen Knoten, versäumte es jedoch, ihm einen Namen zu geben. Er gab ihm lediglich eine Nummer – 1452. Man kann ihn sowohl in stärkeres als auch in dünneres Tauwerk sauber binden, außerdem ist er für beides sehr nützlich. Er lässt sich sogar problemlos lösen, nachdem er starker Belastung standgehalten hat.

1

1 Legen Sie ein Auge, indem Sie das Arbeitsende unter die stehende Part kreuzen.

2 Führen Sie das Arbeitsende der zweiten Leine durch das Auge und unter die eigene stehende, aber über die stehende Part der ersten Leine. Sie erhalten ein dem ersten ähnliches Auge.

3 Stecken Sie beide Arbeitsenden durch das Paar Augen.

4 Holen Sie den Knoten dicht.

5 Der aufgesetzte Knoten.

Steke

Steke werden um einen Gegenstand gebunden. Sie lassen sich schnell anfertigen und sind ebenso schnell zu lösen. Man muss jedoch darauf achten, dass der Zug am dafür vorgesehenen Tampen und in die richtige Richtung erfolgt.

Verzeichnis der Steke

Marlspiekerschlag

Dieser fast magische Stek wurde nach dem Stahldorn benannt, mit welchem man Draht und Tauwerk spleißt. Er funktioniert auch problemlos in Verbindung mit jedem anderem Stück rundem Holz oder Metall, z. B. einem Besenstiel oder Schraubendreher.

Der Marlspiekerschlag ermöglicht es Ihnen, ein dünnes Stück Leine zu spannen, ohne dass Sie sich in die Hand schneiden. Sobald der Dorn entfernt wird, verschwindet der Stek.

Beachten Sie, dass der Zug nur in eine Richtung gehen darf. Wenn die Leine durch den Stek geht, ziehen Sie in die falsche Richtung. Sie müssen den Stek lösen und in die entgegengesetzte Richtung binden. Auf dem ersten Blick scheint sich dieser Stek gut für die Sprossen einer Strickleiter zu eignen. Lassen Sie sich davon abraten, denn er ist nicht stabil genug, um der Belastung standzuhalten.

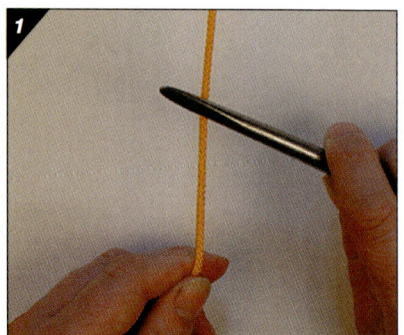

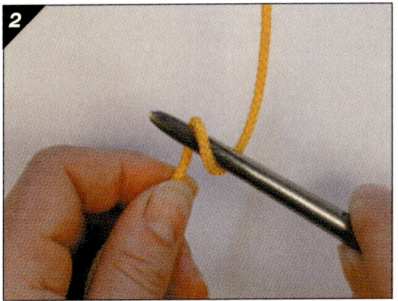

1 Legen Sie den Dorn auf die Leine.
2 Schlagen Sie mit der linken Hand einen Törn um den Dorn.
3 Ziehen Sie die Spitze des Dorns vorsichtig zurück, und greifen Sie die Leine an dieser Stelle.
4 Führen Sie die Spitze des Dorns durch den Törn, um dessen äußere Seite zu fassen.
5 Der Stek ist nun festgemacht. Sie können die Leine in eine Richtung ziehen, ohne dass der Stek slippt. Holen Sie den Stek dicht.
6 Gebrauch des fertigen Steks.

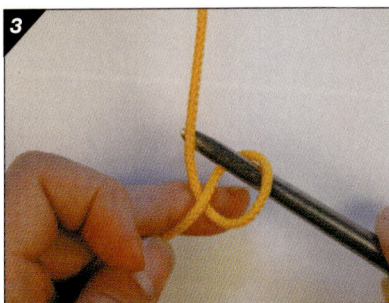

Rollstek

Den Rollstek kann man als hochentwickelten Verwandten des Webeleinensteks betrachten. Es ist sehr wichtig, dass man den ersten Törn sichert, indem man den zweiten darüber kreuzt. Der Rollstek wird angefertigt, wenn man die Leine in eine Richtung ziehen will, ohne dass der Stek slippt. Die laufende Part wird dabei fest gegen die beiden Törns gedrückt und sichert sie. Wenn man in die entgegengesetzte Richtung ziehen möchte, muss der Stek in diese Richtung aufgesetzt werden. Beide Varianten erfüllen ihre Aufgabe zu vollster Zufriedenheit, wenn die Leine längs gerichtet gezogen wird.

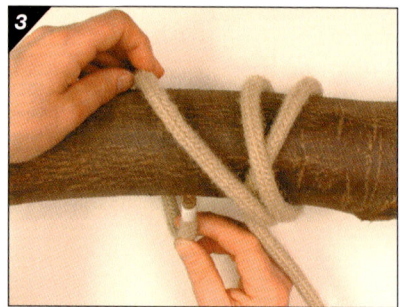

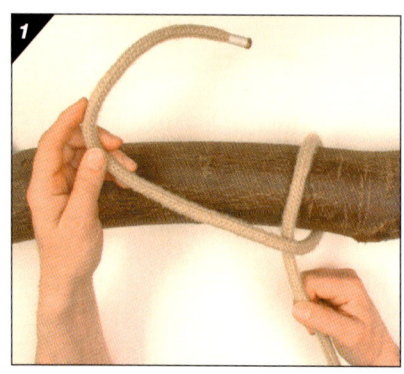

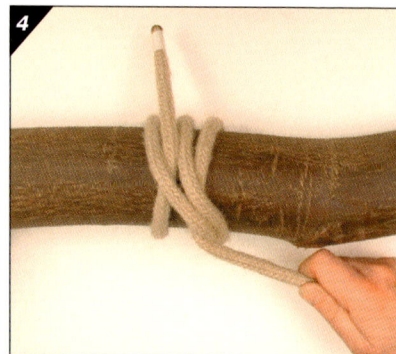

1 Legen Sie das Arbeitsende um einen Pfosten oder eine Spiere, und sichern Sie die stehende Part.

2 Schlagen Sie einen weiteren Törn um die Spiere. Er sollte zwischen dem ersten Törn und der stehenden Part liegen.

3 Machen Sie einen dritten Törn. Dieser Törn sollte auf der gegenüberliegenden Seite der stehenden Part liegen. Führen Sie den Tampen unter dem zuletzt gelegten Törn hindurch, um einen Halben Schlag anzubringen.

4 Der festgemachte Rollstek. Beachten Sie, wie der Zug der stehenden Part gegen die zwei ersten Törns drückt.

5 In entgegengesetzte Richtungen aufgesetzte Rollsteke.

6 Rollstek mit längs gerichtetem Zug.

7 Festgemachter Rollstek auf Slip.

Rollstek auf Slip

Wenn man das Arbeitsende zu einer Bucht legt, fertigt man die laufende Version des Rollsteks an. Wie bei allen anderen laufenden Versionen von Knoten, Verbindungsknoten und Steken, muss man auch mit dieser sehr vorsichtig umgehen. Die beiden ersten, in entgegengesetzte Richtungen gelegten Törns verleihen dem Rollstek auf Slip jedoch einen hohen Grad an Stabilität.

Rundtörn mit zwei Halben Schlägen

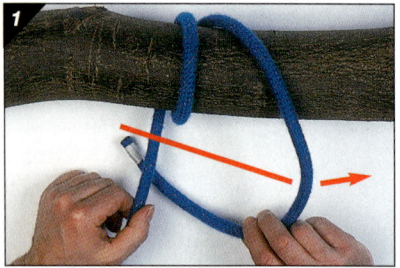

Das ist die ideale Variante, um eine Vertäuleine an einem Poller oder einem Ring zu befestigen: Der Rundtörn trägt viel Last, und die zwei Halben Schläge sichern den Stek. Die beiden Halben Schläge sollten immer in dieselbe Richtung gemacht werden und einen Webeleinenstek um die stehende Part bilden. Der Rundtörn mit zwei Halben Schlägen kann in den meisten Situationen mit Vorsicht gelöst werden, selbst wenn er eine große Last trägt.

1 Legen Sie mit dem Arbeitsende einen Rundtörn um die Spiere.
2 Führen Sie den Tampen nach hinten um die stehende Part, und stecken Sie ihn unter. Der erste Halbe Schlag ist nun vollendet.
3 Bringen Sie den Tampen erneut um die stehende Part, um den zweiten Halben Schlag zu machen.
4 Ziehen Sie den Stek fest.

Bauchgordingstek

Bauchgordings waren am Unterliek des Rahsegels festgemachte Leinen. Sie sollten den Wind aus dem Segel nehmen, wenn es beschlagen wurde. Mit diesem Stek wurden die Bauchgordings festgemacht – je mehr die Segel flatterten, desto fester wurde der Stek.

Mit den Segelschiffen verschwand auch der Bauchgordingstek. Er überlebte nur als Krawattenknoten.

Der Bauchgordingstek wurde jedoch wieder aus seiner Versenkung hervorgeholt, da er der ideale Knoten für aus Kevlar angefertigte Hightech-Leinen ist.

1 Führen Sie das Arbeitsende der Leine durch den Ring und um die stehende Part.

2 Bringen Sie das Arbeitsende etwas oberhalb des gerade gelegten Törns um die stehende Part herum.

3 Ziehen Sie das Arbeitsende zwischen dem Ring und dem Törn hindurch, um einen Halben Schlag zu machen, der im Törn gesichert ist.

4 Machen Sie den Stek vorsichtig fest.

Fischerstek

Die Weise, auf die der erste Halbe Schlag bei diesem Stek durch die Törns geführt wird, verleiht ihm eine ähnliche Haltbarkeit wie einem Verbindungsknoten. Der Knoten wird häufig verwendet, um eine Leine an einer Vertäuboje festzumachen. Zur Erhöhung der Sicherheit empfiehlt es sich, das Arbeitsende an der stehenden Part zu befestigen.

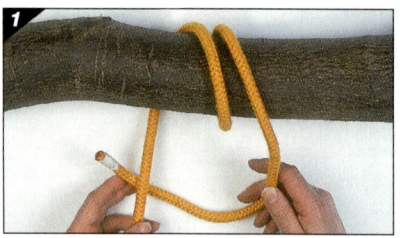

1 Führen Sie das Arbeitsende zweimal um die Spiere, damit Sie einen Rundtörn erhalten.

2 Ziehen Sie das Arbeitsende nach hinten um die stehende Part und durch den Rundtörn. Der Halbe Schlag ist nun gesichert.

3 Führen Sie das Arbeitsende erneut von hinten um die stehende Part und durch die dabei entstandene Schlaufe. Sie erhalten einen zweiten Halben Schlag, der sich nun außerhalb des Rundtörns befindet.

4 Der vollendete Fischerstek.

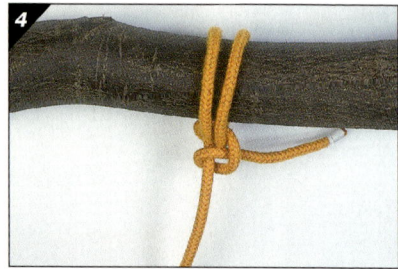

Kuhstek

Der Kuhstek wird unter anderem auch als Jungferstek bezeichnet. Mit ihm lässt sich problemlos eine Bucht oder ein Auge an einem Ring oder einem Stab festmachen. Auch das Auge einer Kordel kann damit ganz einfach an eine Trillerpfeife oder ein Messer gebunden werden. Der Zug muss immer gleichzeitig an beiden Parten der Leine liegen. Durch den Zug an einer Part wird der Stek slippen. Wenn Sie sich den Stek aufmerksam anschauen, werden Sie feststellen, dass er aus zwei einander entgegengesetzt gelegten Halben Schlägen besteht. Vergleichen Sie ihn mit dem Webeleinenstek, doch hüten Sie sich davor, beide miteinander zu verwechseln.

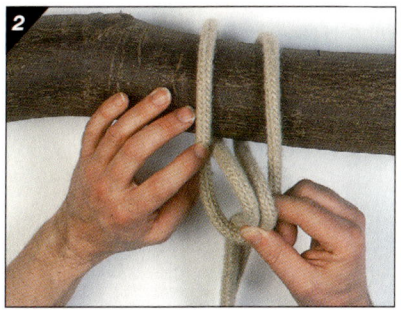

1 Legen Sie eine Bucht in die sich hinter dem Rundholz befindliche Leine.
2 Ziehen Sie die Bucht über das Rundholz, und führen Sie das Paar Stränge durch die Bucht.
3 Der fertige Kuhstek. Beachten Sie, dass der Zug an beiden Parten erfolgen muss.
4 Wenn Sie eine Parte hinter die Bucht stecken, erhalten Sie einen Pedigree-Kuhstek.

Knutestek

Man kann eine Kordel um ein Werkzeug oder einen ähnlichen Gegenstand binden, damit man es problemlos wiederfindet bzw. aufhebt, wenn es herunterfällt. Diese Lösung bietet sich besonders an, wenn man beim Arbeiten keinen festen Boden unter den Füßen hat. An einer Werkbank kann die Kordel jedoch im Weg sein. Wenn das Werkzeug ein kleines Auge hat, lässt sich dieser von Brion Toss erfundene Stek ideal befestigen. Man kann ihn entweder permanent oder vorübergehend befestigen. Das Auge im Werkzeug sollte nur wenig größer sein, als die doppelt genommene Leine. Ein Achtknoten im Arbeitsende sorgt dafür, dass die Leine nicht zufällig ausrauscht.

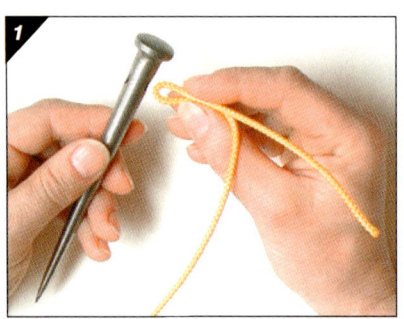

1 Legen Sie nahe dem Tampen eine Bucht in die Leine.

2 Führen Sie die Bucht durch das Auge im Werkzeug.

3 Stecken Sie das kurze Ende durch die Bucht.

4 Ziehen Sie den Stek fest, und sichern Sie das kurze Ende mit einem Achtknoten.

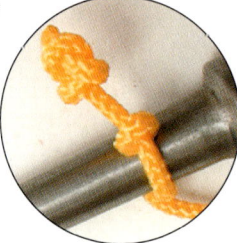

Räuberstek

Diese komplexe Anordnung von Törns und Buchten ergibt einen Slipknoten. Es wird behauptet, dass die Straßenräuber vergangener Zeiten diesen Stek verwendet hätten. Er eignet sich hervorragend für alle, die ihre Pferde an einem Ring oder Pfahl anbinden, jedoch auch schnell wieder loskommen wollen. Segler halten ihn manchmal für geeignet, die Vertäuung von einem Dock zu lösen, dass nicht vom Boot aus zu erreichen ist. Egal wer diesen Slipknoten verwenden möchte: Er sollte darauf achten, dass die Last auf dem richtigen Ende der Leine liegt, und dass der Stek ordentlich festgezogen ist, damit er sich nicht im falschen Moment löst.

1 Bilden Sie vor der Spiere eine Bucht, deren kürzeres Ende auf der linken Seite liegt. Führen Sie das Arbeitsende hinter die Spiere.

2 Legen Sie das Arbeitsende über die Bucht. Führen Sie den Rest des Arbeitsende von hinten als Bucht um die Spiere. Diese Bucht muss rechts von der ersten liegen.

3 Ziehen Sie die Bucht im Arbeitsende durch die Bucht in der stehenden Part. Holen Sie den Stek zuerst an der Bucht im Arbeitsende, anschließend an der Bucht in der stehenden Part dicht, damit der Knoten sicher ist. Ziehen Sie am kurzen Ende, um den Stek zu lösen.

Zimmermannsstek

Mit diesem Stek lässt sich eine Leine einfach aber sicher an einen Baumstamm oder eine Lage runde Hölzer binden. Je stärker Sie ziehen, desto fester greift der Stek. Wenn ein Stamm auf dem Boden entlanggezogen werden soll, empfiehlt es sich, in einiger Entfernung vom ersten einen zusätzlichen Halben Schlag um den Stamm zu machen, damit er während des Transports die vorgesehene Richtung beibehält. Der Zimmermannsstek dient ebenfalls aus Ausgangsknoten für eine Kreuzzurring (siehe Seite 182).

1   Führen Sie das Arbeitsende zunächst um das Holz, anschließend um die stehende Part der Leine.

2   Wickeln Sie das Arbeitsende mehrere Male um die laufende Part.

3   Stecken Sie das Arbeitsende solange unter, bis der gesamte Törn rund um das Holz bedeckt ist. Holen Sie den Stek an der stehenden Part dicht.

4   Der festgemachte Zimmermannsstek mit Halben Schlag in der stehenden Part. Der zusätzliche Halbe Schlag wird in die Richtung gelegt, in die das Holz gezogen werden soll.

Lange Trompete

Der ungewöhnliche Name und die außergewöhnliche Anordnung dieses Knotens garantieren ihm schon seit langem Erwähnung in allen Büchern zum Thema „Knoten", obwohl er selten in der Praxis eingesetzt wird. Der ideale Zweck des Knotens ist die Verkürzung einer Leine, ohne sie zu zerschneiden. Damit der Knoten gut funktioniert, muss auf der Leine ein gewisser Grad Spannung liegen. Im Notfall können Sie die Belastung aus der abgenutzten Part der Leine nehmen, indem Sie um diesen Teil eine Trompete binden.

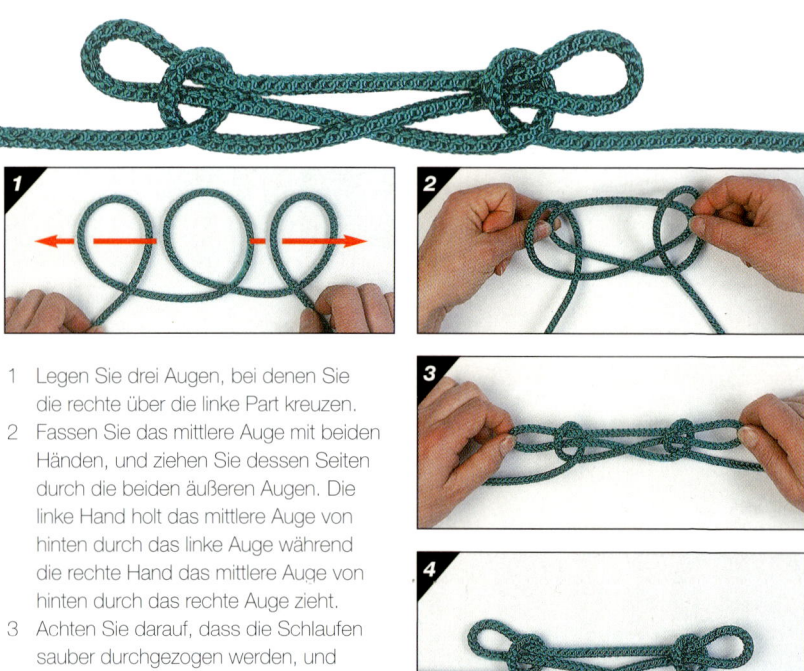

1 Legen Sie drei Augen, bei denen Sie die rechte über die linke Part kreuzen.

2 Fassen Sie das mittlere Auge mit beiden Händen, und ziehen Sie dessen Seiten durch die beiden äußeren Augen. Die linke Hand holt das mittlere Auge von hinten durch das linke Auge während die rechte Hand das mittlere Auge von hinten durch das rechte Auge zieht.

3 Achten Sie darauf, dass die Schlaufen sauber durchgezogen werden, und die beiden Augen fest um ihnen liegen.

4 Die Lange Trompete.

Zwei Herzen, die wie eines schlagen

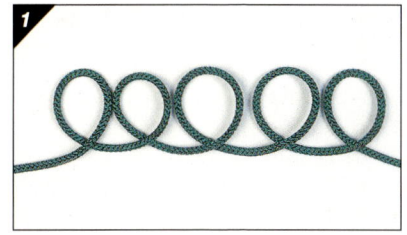

Man legt fünf Augen, verflicht sie vorsichtig miteinander und dreht sie ein wenig. Man erhält eine Variante der Trompete mit zwei miteinander verbundenen, symbolischen Herzen, die als Liebesbeweis dienen kann.

1 Legen Sie fünf Augen, bei denen Sie die rechte über die linke Part kreuzen.

2 Überlappen Sie die beiden äußeren Paare. Das rechte Auge jeden Paares wird so über das linke Auge gelegt, dass sie zwei Herzen bilden.

3 Das mittlere Auge wird durch die zwei „Herzen" geflochten.

4 Der vollendete Knoten.

Truckerstek

Dieser Knoten besitzt viele Namen, die alle mit Berufen aus dem Transportgewerbe verbunden sind, z. B. Fuhrmannsknoten. Daran lässt sich erkennen, dass diese Methode zum Verbinden von Tauwerk, welches um Lasten geschnürt wird, ziemlich alt ist. Sie wurde oft als Berufsgeheimnis weitergegeben und ist nicht in schriftlichen Quellen überliefert. Diese Anordnung von Schlaufen und Halben Schlägen verträgt große Spannung, lässt sich aber dennoch schnell lösen, wenn die Spannung entfernt wird. Wie bei allen anderen Knoten auf Slip muss man die Buchten groß genug legen, damit sie nicht ausslippen, sobald der Knoten belastet wird. Es gibt eine ganze Reihe Varianten oder Tricks, um den Knoten stabiler zu machen. Man sollte beachten, dass die durch die Spannung erzeugte Reibung die Leine abnutzen kann, wenn der Stek immer an derselben Stelle gebunden wird.

2 Bilden Sie ein Auge um die Bucht. Gehen Sie dabei nach Methode # 2 des Palsteks (siehe Seite 162) vor.

3 Legen Sie unterhalb des ersten Auges ein zweites.

4 Halten Sie alle Teile des Steks straff, und ziehen Sie an der unteren Bucht, um die beiden Augen um die obere Bucht festzuziehen.

5 Drehen Sie die untere Bucht mehrere Male ein.

1 Ziehen Sie den Teil der Leine, der gebunden werden soll etwas straff. Formen Sie eine Bucht in den schlaffen Teil der Leine, und legen Sie diese über den gespannten Teil.

6 Führen Sie eine in die lose Part geformte Bucht durch die untere Schlaufe.

7 Wenn Sie die zuletzt geformte Bucht in eine Klampe oder einen Haken legen und an der losen Part ziehen, können Sie eine starke Spannung erzeugen.

8 Zwei Halbe Schläge um die letzte Bucht sichern den Stek.

Notmastknoten

Der Notmast dient als zeitweiliger Ersatz für einen ver-
lorenen oder beschädigten Mast.

Durch geschicktes Verflechten von Halben Schlägen
und vorsichtiges Ziehen der Buchten erhält man vier
Punkte, an denen man die Wanten (die Taue, welche
den Mast halten) festmachen kann. In der Hoffnung
diesen Knoten nie zu seinem eigentlich Zweck anfertigen
zu müssen, kann man sich an seinem Raffinement und
seiner Schönheit erfreuen.

1   Legen Sie drei Augen, bei denen Sie die rechte Part über
    die linke kreuzen. Das linke Auge liegt unter dem mittleren
    und das mittlere Auge unter dem rechten.
2   Überlappen Sie die äußeren Augen in der Mitte
    des zentralen Auges.
3   Ergreifen Sie mit
    beiden Händen
    die sich
    überlap-
    penden
    Parten, um
    die Seiten-
    buchten zu
    formen. Führen
    Sie Ihre Hände
    dabei zwischen den Parten hindurch. Beachten
    Sie, dass die rechte Bucht unter die erste aber
    über die zweite Part geführt wird, während die linke
    Bucht über die erste und unter die zweite Part ge-
    führt wird.
4   Ziehen Sie nun vorsichtig das mittlere Auge nach
    außen, um die oberste Bucht zu formen.
5   Der vollendete Knoten.

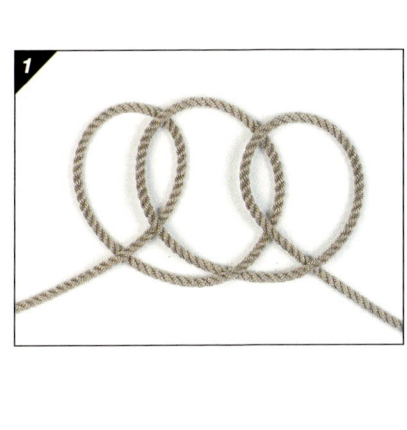

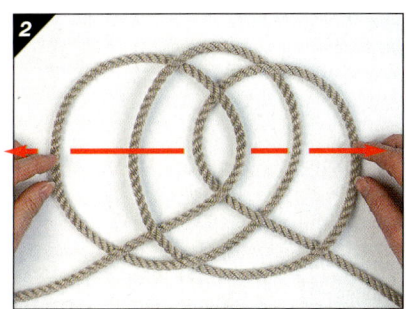

Handfesselknoten

Das Binden dieses schnell gemachten Knotens ist eine heikle Angelegenheit. Der Trick liegt darin, den Strick gut über die Hände zu legen und die Buchten mit den Fingern aufzufangen. Sollten Sie diesen Knoten einmal anstelle der konventionelleren Handschellen anwenden müssen, binden Sie ihn um die Handgelenke und sichern die Enden mit einem Reffknoten. Entfesselungskünstler werden Ihre Knüpfkünste verfluchen.

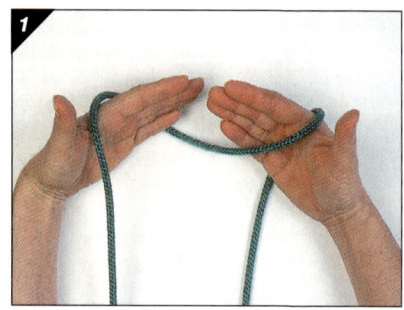

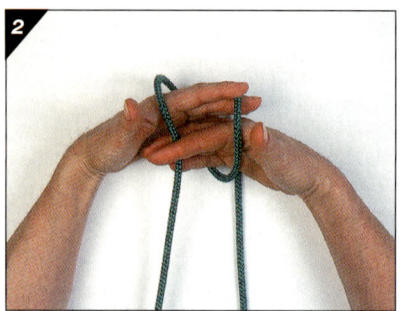

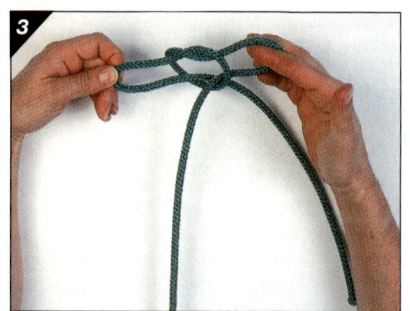

1 Nehmen Sie den Strick mittig auf. Die linke stehende Part liegt vor Ihrer linken Hand, die rechte stehende Part hinter Ihrer rechten Hand.
2 Greifen Sie mit der linken Hand die rechte stehende Part und mit der rechten Hand die linke stehende Part.
3 Ziehen Sie den Strick auseinander, ohne ihn loszulassen.
4 Der fertige Knoten.

Feuerwehrstuhl

Eine Schlaufe wird unter die Achseln, die andere um die Beine einer Person gelegt, die gerettet werden soll. Da man diesen Knoten hauptsächlich von den Enden entfernt aufsetzt, erhält man ein Paar verstellbare Schlaufen, die in der entsprechenden Situation gesichert werden können. Das kurze Ende muss zu einem Palstek gebunden werden, bevor der Feuerwehrstuhl eine Last tragen kann.

1 Formen Sie zwei Augen, bei denen die rechte über der linken Part liegt. Sie können dabei nach Methode # 1 des Webeleinensteks (siehe Seite 104) vorgehen.

2 Legen Sie die innere Part des linken Auges unter die innere Part des rechten. Ziehen Sie diese anschließend durch das rechte Auge nach oben, während Sie die innere Part des rechten Auges durch das linke nach unten ziehen. Nun sind die zwei Seitenbuchten geformt.

3 Sichern Sie ein Ende, indem Sie einen Halben Schlag nach rechts machen.

4 Befestigen Sie die andere Seite mit einem Halben Schlag nach links.

5 Binden Sie das kurze Ende abschließend mit einem Palstek an das lange Ende.

Prusik-Knoten

Im Jahre 1931 veröffentlichte Dr. Carl Prusik den nach ihm benannten Knoten. Er besteht aus mehreren Törns, die an einem schwerem Kletterseil hin- und herrutschen, jedoch blockieren, sobald die Schlinge belastet wird. Sobald Sie die Schlinge etwas lockern, können Sie den Knoten wieder nach Belieben bewegen.

Hier steckt der Teufel im Detail. Die Schlinge sollte aus Tauwerk angefertigt werden, das mindestens halb so dick ist wie das Hauptseil. Die Tampen der Schlinge sollten nie am Hauptseil befestigt werden. Man kann sie mit einem sauber aufgesetzten Doppelten Englischen Knoten zusammenbinden. Unter feuchten, eisigen oder glatten Bedingungen kann man ein paar zusätzliche Törns um das Hauptseil schlagen. Überprüfen Sie die Festigkeit des Knotens, bevor Sie ihn benutzen.

1 Legen Sie eine geschlossene Bucht oder einen Stropp aus dünnerem Seil über das Hauptseil.
2 Führen Sie die rechte Seite der Bucht um das Hauptseil und durch den linken Teil der Bucht.

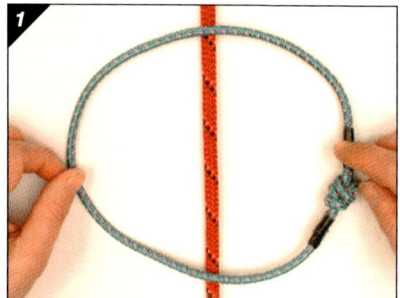

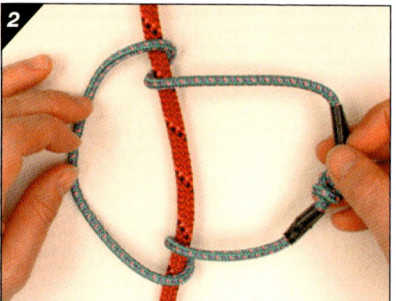

3 Wiederholen Sie diesen Schritt, um ein weiteres Paar Törns zu schlagen.
4 Drei Paare Törns insgesamt sind für die meisten Seile ausreichend.
5 Der Prusik-Knoten sollte sich unter Belastung nicht bewegen. Er kann allerdings auf- und abgleiten, wenn er keine Last trägt.

Bachman-Knoten

Der Bachman-Knoten basiert auf einem ähnlichen Prinzip wie der Prusik-Knoten. Er funktioniert hervorragend an feuchten oder vereisten Seilen, vor allem in Verbindung mit einem Karabinerhaken, welcher ein leichteres Lösen ermöglicht. Beachten Sie, dass der Zug nur in eine Richtung erfolgen darf. Außerdem besteht die Gefahr, dass die gesamte Anordnung verrutschen kann, wenn die Belastung reduziert wird. Das Tauwerk für die Schlinge sollte im Durchmesser nicht stärker als die Hälfte des Hauptseils sein. Hängen Sie sich niemals direkt an den Karabinerhaken! Er dient ausschließlich zur Lockerung des Knotens vor einer Bewegung.

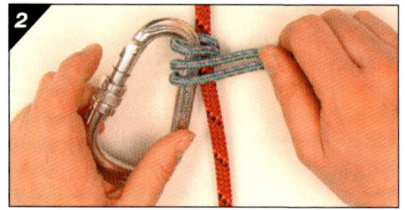

1 Klinken Sie eine Bucht oder einen Stropp in einen Karabinerhaken, und legen Sie es über das dickere Hauptseil.

2 Führen Sie die Bucht um das Hauptseil und durch den Karabiner.

3 Wiederholen Sie diesen Schritt.

4 Nach ein oder zwei weiteren Törns ist der Knoten vollendet. Er sollte nicht slippen, wenn Zug auf die Schlinge einwirkt. Der Karabiner wird zum Lockern des Knotens verwendet. ER DARF NIEMALS BELASTET WERDEN.

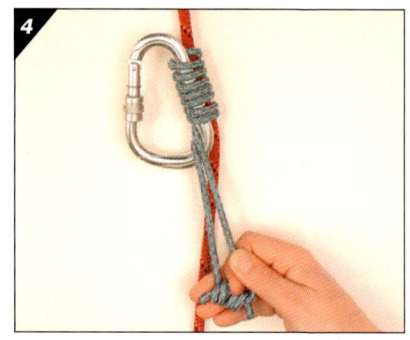

Klemheist-Knoten

Dieser Knoten ist eine andere Variante des Prusik-Knotens, die sowohl mit einer Schlinge aus Gurtband als auch aus dünnem Tauwerk funktioniert. Die Schlinge sollte sehr kurz sein, um eine gute Griffigkeit zu gewährleisten. Die Törns müssen sauber und eng liegen. Testen Sie den Knoten wie jeden anderen vor dem Gebrauch. Der Zug darf nur in eine Richtung erfolgen.

1 Kreuzen Sie eine Bucht bzw. einen Stropp aus Seil oder Gurtband über das Hauptseil.
2 Schlagen Sie die Bucht solange um das Hauptseil, bis sie ganz klein ist.
3 Führen Sie die stehende Part durch die Bucht.
4 Ziehen Sie die stehende Part nach unten, damit die Törns greifen. Die obere Bucht sollte sehr klein sein, damit der Knoten einwandfrei funktioniert.

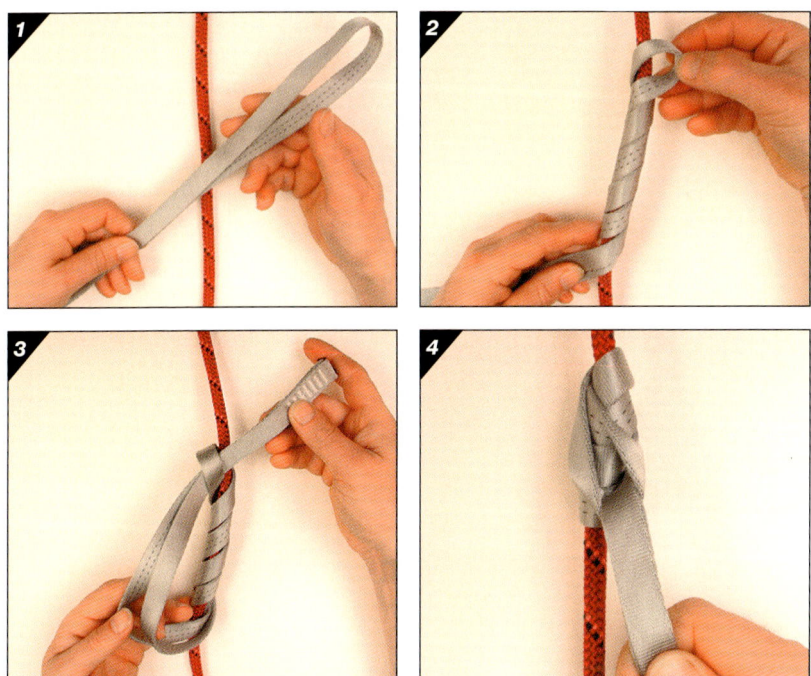

Italienischer Knoten

Dieser Knoten ist auch unter dem Namen Munter- oder Reibungsknoten bekannt. Das reibende Element dieses Knotens dämpft Energie und ermöglicht ein besseres Führen des Seils. Es ist sehr wichtig eines der Enden als stoppendes und das andere als das die Spannung tragende Ende zu verstehen. Wenn man die Spannung reduziert, kann man das Verhältnis umkehren. Kletterer benutzen diesen Knoten zum Sichern der Sicherheitsleine und zum Sichern beim Abseilen oder bei Überspringen eines Felsvorsprunges. Da dieser Knoten Bestandteil einer komplexen Anordnung von Seilen in gefährlichen Situationen ist, sollte man sich vor Gebrauch unbedingt den Rat eines Fachmanns holen.

1   Legen Sie ein Paar Augen mittig in ein Seil. Beachten Sie, dass die stehende Part beim linken Auge oben liegt, während sie beim rechten unten liegt.
2   Drehen Sie das linke Auge um 90 Grad, um es über das rechte zu bringen.

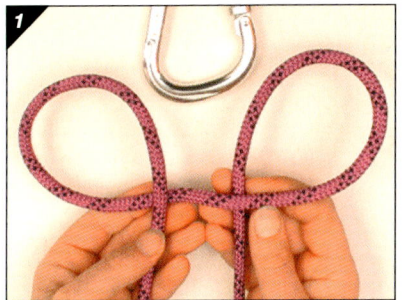

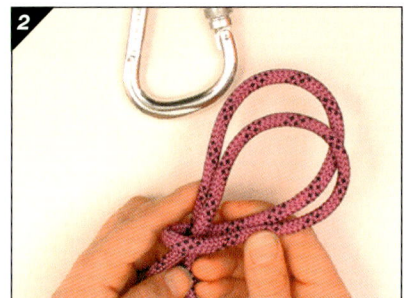

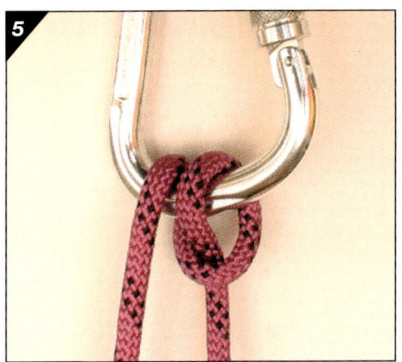

3 Klinken Sie das Paar Augen in den Karabinerhaken.

4 Die linke Part trägt die Last, während
die rechte Part stoppt.

5 Wenn Sie die Spannung von der linken
Part nehmen und die rechte ziehen,
können Sie die Aufgabenverteilung der
Parten vertauschen: Die linke Part stoppt,
während die rechte die Spannung trägt.

Palomar-Knoten

Schnell und einfach zu binden, ist der Palomar-Knoten eine sichere Möglichkeit jede Art Anglerschnur, sogar das glatteste monofile Nylongarn, an einem Anglerhaken mit Auge zu befestigen. Befeuchten Sie den Knoten mit etwas Speichel, damit er sich sauber und fest zusammenzieht.

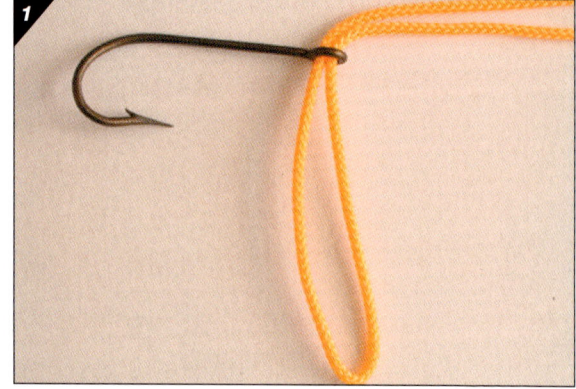

1 Legen Sie eine Bucht nahe dem Ende der Anglerschnur, und holen Sie diese durch das Auge des Hakens.

2 Führen Sie die Bucht um die beiden stehenden Parten der Schnur und durch die somit entstandene Schlaufe. Sie erhalten einen Überhandknoten.

3 Legen Sie die Bucht über die Spitze des Hakens.

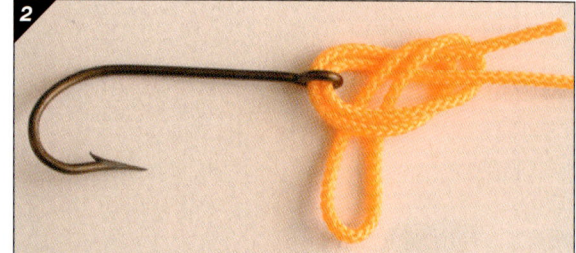

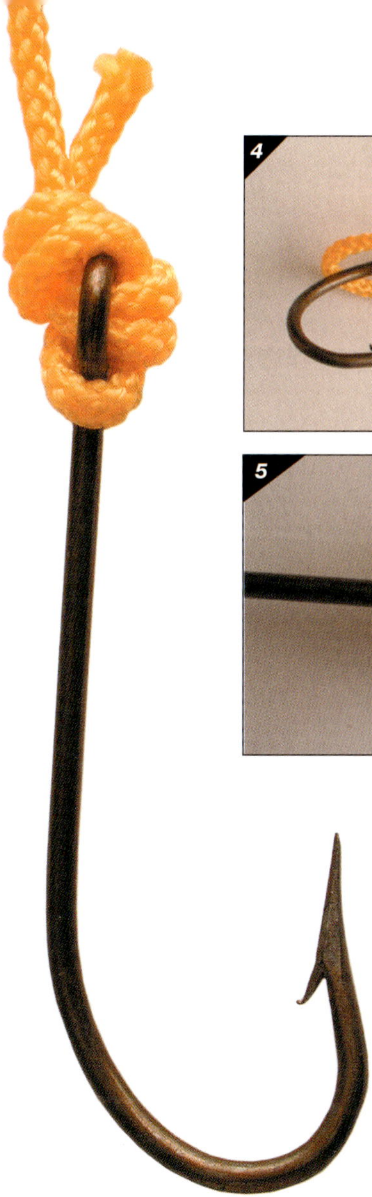

4 Lassen Sie die Bucht langsam zum Auge
   des Hakens zurückgleiten, indem Sie
   vorsichtig am Hauptteil der Schnur ziehen.
   Die Bucht wird durch das Ziehen verklei-
   nert und straff gegen das Auge gedrückt.
5 Verschneiden Sie das kurze Ende. (Gewöhnliche Anglerschnur benötigt unter
   Umständen etwas Druck und Nylon sollte
   etwas befeuchtet werden.) Der vollendete
   Knoten in gewöhnlicher Anglerschnur.

Mundschnur befestigen

Ursprünglich wurden Anglerhaken mit einem flachem oder gebogenem Ende anstatt einem Auge hergestellt, noch heute werden einige so angefertigt. Diese Methode zum Befestigen einer Anglerschnur eignet sich für beide Arten von Haken. Sie müssen viele Törns um den Haken schlagen. Wenn Sie monofiles Nylongarn verwenden, sollten Sie es mit Speichel befeuchten, damit die Törns eng und sauber nebeneinander liegen.

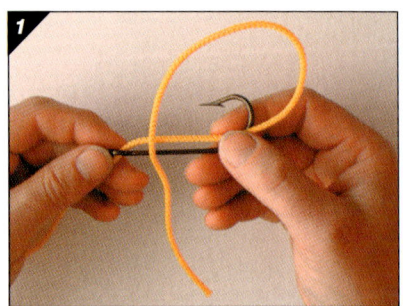

1   Holen Sie die Schnur durch das Auge des Hakens, und legen Sie diese entlang dessen Schafts. Formen Sie ein Auge in der Schnur.

2   Legen Sie das kurze Ende parallel zum Schaft.

3   Führen Sie das Auge um den Schaft, und legen Sie es über das Ende des Hakens.

4   Bringen Sie das Auge noch einmal um den Schaft herum.

5   Achten Sie darauf, dass das Auge auch das kurze Ende bedeckt, während es um den Schaft gewickelt wird.

6   Fahren Sie fort, das Auge um den Schaft und über das Ende des Hakens zu legen.

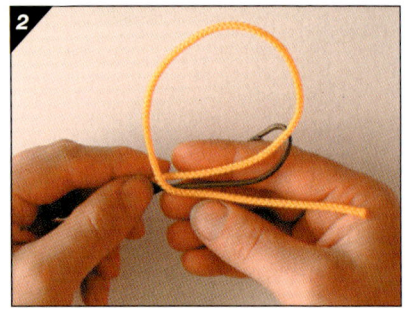

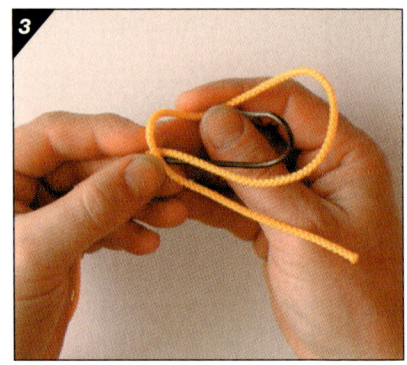

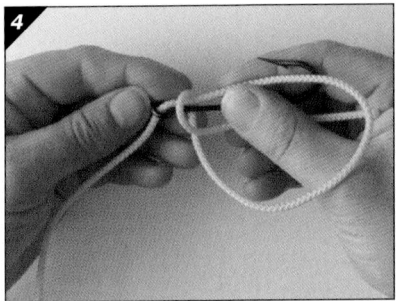

7 Wenn der Knoten lang genug ist, holen Sie ihn an der stehenden Part der Anglerschnur dicht.

8 Der fertige Knoten. (Gewöhnliche Anglerschnur benötigt unter Umständen etwas Druck, und Nylon sollte etwas befeuchtet werden.)

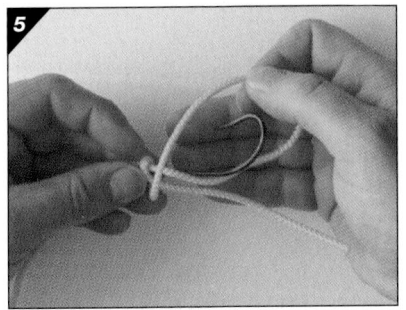

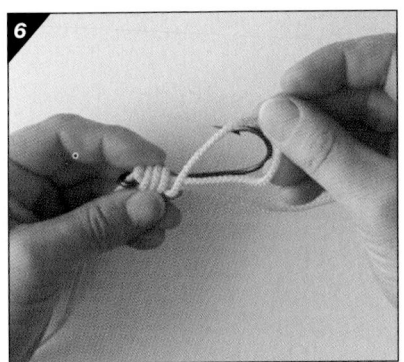

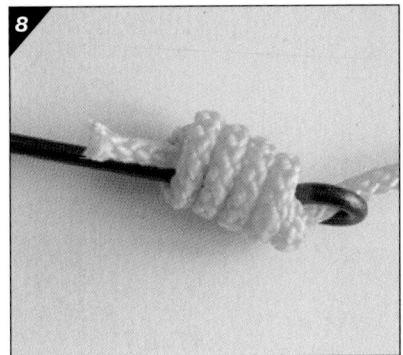

Halber Blutknoten

Mit diesem Knoten kann man Anglerschnur ganz einfach an einen Wirbel-
haken oder einen Haken mit Auge zu
binden. Wie bei allen Knoten aus mono-
filer Anglerschnur liegen die Törns auch
hier am besten, wenn sie ein wenig befeuchtet werden.

1 Führen Sie das Ende der Schnur durch
   das Auge.
2 Wickeln sie das kurze Ende drei- oder
   viermal um die stehende Part der Schnur.
3 Bringen Sie das Ende der Schnur zurück
   durch die Bucht am Beginn der Drehung.
4 Holen Sie den Knoten abschließend
   dicht. (Gewöhnliche Anglerschnur benötigt unter Umständen etwas Druck
   und Nylon sollte etwas befeuchtet werden.)
5 Halber Blutknoten in gewöhnlicher Anglerschnur.

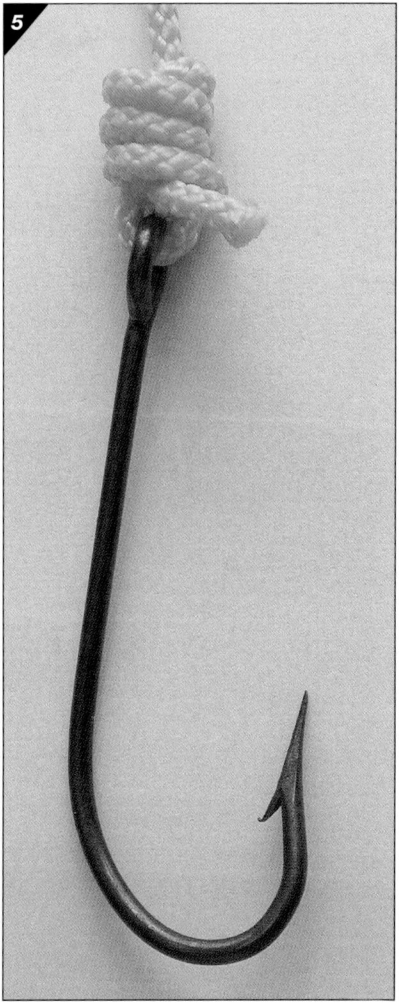

Schlaufenknoten

Schlaufenknoten können am Ende oder in der Mitte einer Leine aufgesetzt werden. Sie können um die Taille, einen Gegenstand oder durch einen Ring führen. Sie können sowohl fest sein als auch laufen: Achten Sie darauf, dass Sie den Richtigen einsetzen.

Verzeichnis der Schlaufenknoten

Palstek

Niemand weiß, woher dieser fast perfekte Knoten kam. Er ist nach dem Tau benannt, welches am Luvliek (Kante eines Segels) eines Rahsegels befestigt wurde. Das Tau wird gespannt, um das Segel bei starkem Wind zu straffen.

Wenn Sie sich den fertigen Knoten genau ansehen, werden Sie feststellen, dass er dieselbe Form wie der Schotstek hat. Der von vielen als „König der Knoten" bezeichnete Knoten hat nur einen Nachteil: Er lässt sich unter Spannung nur schwer lösen. Ohne Zug am stehenden Ende ist er leicht zu lösen, auch wenn er schon großer Belastung standhalten musste.

Sie müssen zwei der vielen Möglichkeiten lernen, den Palstek zu binden, um optimalen Gebrauch von ihm zu machen. Die erste Möglichkeit eignet sich am besten, wenn die Leine hinter Ihnen liegt, z. B. das Abschleppseil eines Autos oder die Vertäuleine eines Bootes.

Bei der zweiten Methode führt die stehende Part von Ihnen weg, z. B. wenn Ihnen eine Leine zugeworfen wird, oder wenn Sie die Schlinge um Ihre Taille binden wollen. Wenn Sie beide Methoden lernen, sind Sie auf alle Eventualitäten vorbereitet. Welche Methode Sie auch anwenden, lassen Sie das Arbeitsende lang genug, damit es beim Festziehen nicht ausslippt.

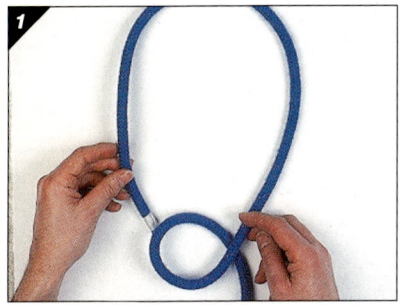

Methode # 1

1 Formen Sie in einiger Entfernung vom Arbeitsende ein Auge, bei dem die lose Part oben liegt. Formen Sie anschließend die Schlinge in der gewünschten Größe.

2 Führen Sie das Arbeitsende durch das Auge – unter der ersten Part hindurch, aber über die zweite Part.

3 Bringen Sie das Arbeitsende von hinten um die stehende Part herum und anschließend durch das Auge.

4 Der vollendete Palstek.

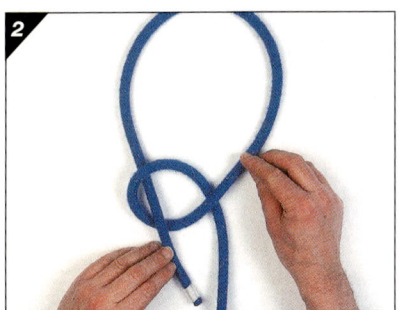

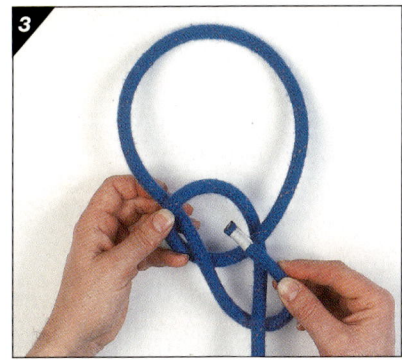

Palstek

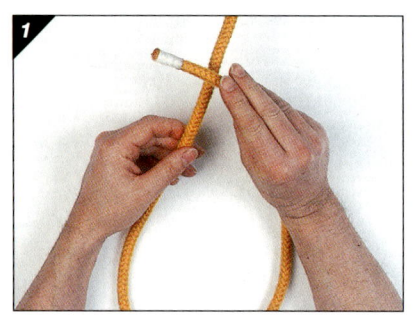

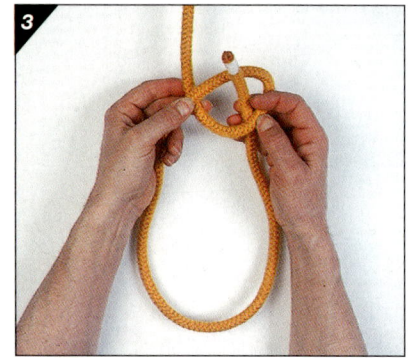

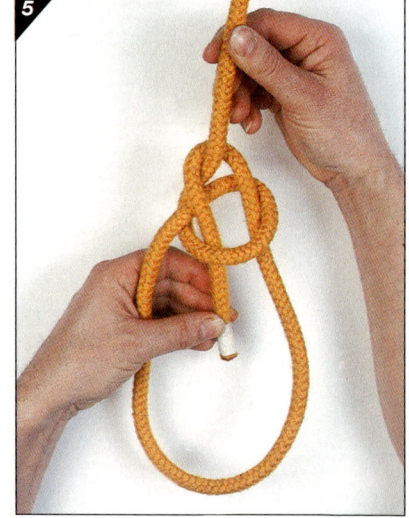

Methode # 2

1 Die stehende Part führt von Ihnen weg. Ergreifen Sie das Arbeitsende mit der rechten Hand, und legen Sie es über die stehende Part.

2 Legen Sie Ihren Daumen unter die stehende Part.

3 Drehen Sie Ihre rechte Hand 180 Grad nach außen, um ein Auge zu formen, aus dem das Arbeitsende herausragt.

4 Führen Sie das Arbeitsende nach hinten um die stehende Part.

5 Holen Sie das Arbeitsende durch das Auge, und ziehen Sie den Knoten fest.

Rundtörnpalstek

Wenn man den Palstek mit einem Rundtörn beginnt, erhöht man die Sicherheit des Knotens vor allem in sehr glatten Leinen.

6 Der fertige Knoten.

Stehender Palstek

Um sicher zu gehen, dass das kurze Ende nicht ausslippt oder lose kommt, kann man es mit einem Überhandknoten an eine Seite der Schlinge binden.

7 Der vollendete Knoten.

Doppelter Palstek in der Bucht

Mit dieser Variante des Palsteks kann man ein
Paar Schlaufen problemlos in die Mitte einer Leine
(die Bucht) binden, ohne die Tampen durchzustecken. Wenn die Belastung nicht gleichmäßig
auf beide Enden verteilt wird, sollte man das kurze
stehende Ende mit einem Halben Schlag oder
Überhandknoten sichern.

1 Formen Sie ein Auge in der doppelt gelegten Leine,
   und führen Sie die Bucht durch das Auge. Gehen
   Sie wie bei Methode # 2 des Palsteks (siehe Seiten
   164–165) vor.
2 Vergrößern Sie die Bucht, damit sie über die doppelt
   gelegte Bucht passt.
3 Heben Sie die doppelt gelegte Bucht an, und führen
   Sie die einfache Bucht hinter die doppelt gelegte
   Bucht und das Auge. Die einfache Bucht sollte sich
   hinter der doppelten stehenden Part befinden.
   Ziehen Sie die Bucht um die stehende Part fest.
4 Doppelter Palstek in der Bucht.

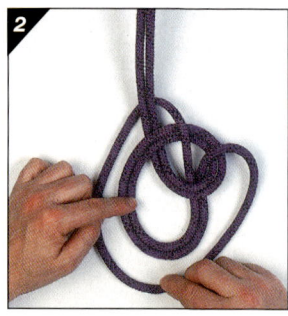

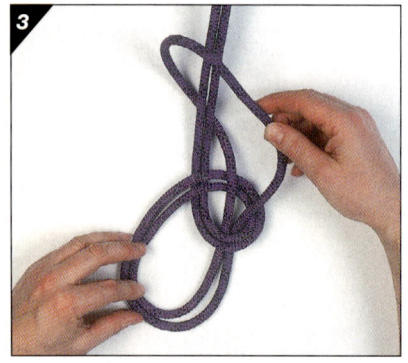

Achtknotenschlinge

Die auch als Flämische Schlinge oder
Doppelte Acht bekannte Achtknotenschlinge ist eine der bevorzugten Schlingen der Kletterer. Die Achtknotenschlinge
kann einfach in die Bucht einer Leine
gebunden werden. Soll die Schlinge
jedoch um einen Gegenstand oder durch
einen Ring gelegt werden, muss die Leine
verdoppelt werden. Kletterer wissen in-
tuitiv, dass die Schlinge, unabhängig
von der benutzten Methode, aufgrund
ihrer markanten Form und ihrer Ein-
fachheit nicht falsch gebunden werden
kann. Ihre markante Form hilft bei der
Überprüfung. Tatsächlich wird eine
nicht korrekt gebundene Schlinge zum
Überhandknoten, der zwar keine ideale
Alternative, aber auch keine Katastrophe
ist. Damit die Schlinge effektiv arbeitet,
sollten Sie darauf achten, dass die doppelten Parten Leine sauber und flach
im Knoten liegen.

Methode # 1

1 Führen Sie die Bucht in der doppelt gelegten Leine nach oben um sich selbst
   herum, bevor Sie diese unter die stehende Part legen.
2 Führen Sie die Bucht durch das gerade
   gelegte Auge, um einen Achtknoten zu
   bilden.
3 Holen Sie den Knoten sinnig dicht.

Methode # 2

1. Binden Sie einen Achtknoten lose in die Leine. Lassen Sie genügend Leine übrig, um die Schlinge zu bilden und den Knoten zu verdoppeln.

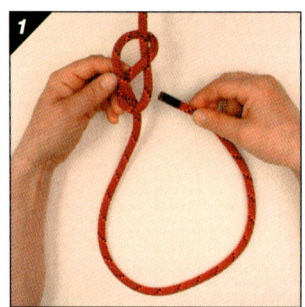

2. Legen Sie eine Bucht in das Arbeitsende. Führen Sie das aktive Ende der Bucht nach hinten um die stehende Part.

3. Holen Sie das Arbeitsende durch den Achtknoten, um den Ausgangsknoten zu verdoppeln.

4. Führen Sie das Arbeitsende nach oben aus dem Achtknoten heraus, der somit verdoppelt ist.

5. Der fertige Knoten.

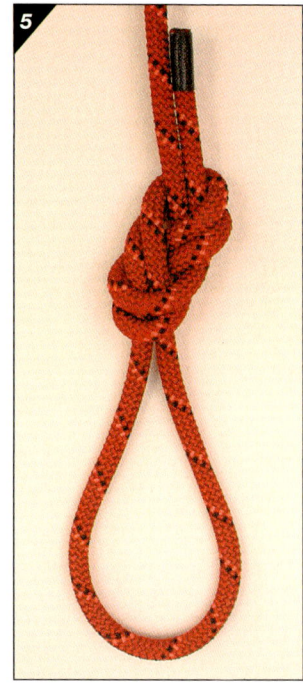

Einfacher Palstek in der Bucht

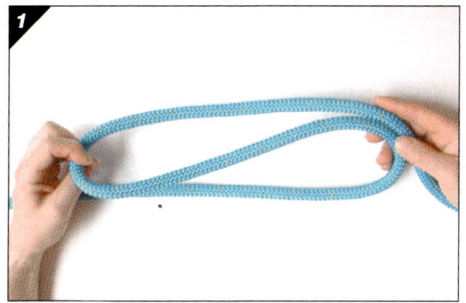

In mehrfacher Hinsicht ist diese Schlinge sowohl eine Variante des Palsteks als auch der Achtknotenschlinge. Der Zug darf nur in eine Richtung erfolgen. Er ist in einer langen Leine sehr nützlich, wenn Sie die Belastung auf die volle Länge verteilen wollen.

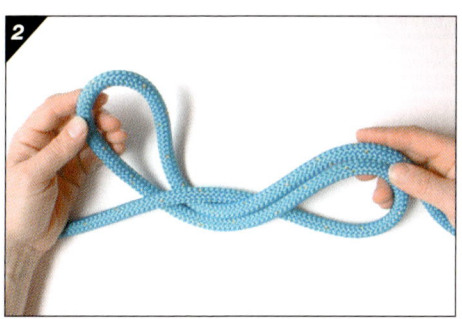

1 Legen Sie eine Bucht, und schlagen Sie diese anschließend in die entgegengesetzte Richtung zurück.
2 Führen Sie die Bucht nach unten um den Teil der Leine, der den Zug tragen soll. Sie erhalten eine Schlinge mit einer doppelt gelegten Seite.
3 Führen Sie die Bucht durch die Schlinge.
4 Einfacher Palstek in der Bucht.

Alpiner Schmetterlingsknoten

Der auch als Lineman-Knoten bezeichnete Knoten lässt sich schnell in die Mitte eines Kletterseils binden. Er eignet sich ideal als Befestigungspunkt für einen dritten Kletterer, der sich zwischen zwei anderen einklinken will. Der Zug kann in drei Richtungen erfolgen: nach oben, nach unten oder längs gerichtet von der Schlinge.

1   Schlagen Sie mit dem Seil drei Törns um Ihre Hand.

2   Legen Sie den linken Törn zwischen die beiden anderen.

3   Führen Sie den nun links befindlichen Törn über die beiden rechten. Er sollte hinter diese führen, um die Schlinge zu bilden.

4 Ziehen Sie die Schlinge mit Daumen und Zeigefinger Ihrer linken Hand hinter den Törns hervor.

5 Holen Sie den Alpinen Schmetterlings-knoten dicht.

Anglerschlinge

Wie ihr Name bereits vermuten lässt, ist sie sehr praktisch für Angler, die eine Schlinge in das Ende ihrer Leine binden möchten.

Laut Geoffrey Budworth erfüllt die Anglerschlinge jedoch einen noch nützlicheren Zweck. Sie lässt sich auch in die schwierigsten Materialien, wie Gummiseil, binden. Dieses Seil ist zwar vielseitig einsetzbar, doch die meisten Knoten slippen darin. Wenn Sie diesen Knoten in einem Gummiseil aufsetzen, achten Sie darauf, dass das Arbeitsende lang ist und dass Sie Arbeitsende, passives Ende und die Schlinge richtig festziehen, damit der Knoten gut und straff sitzt.

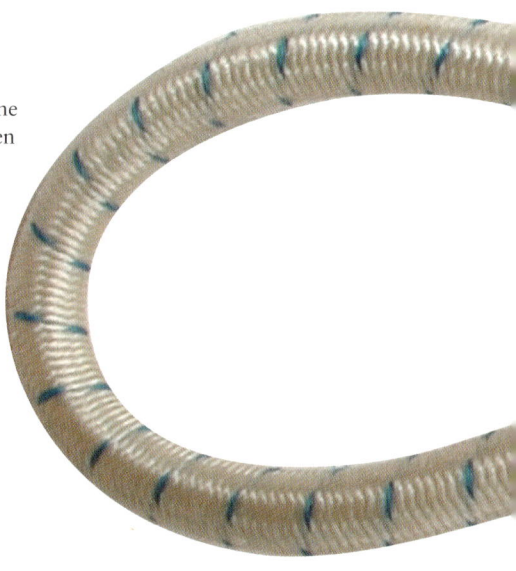

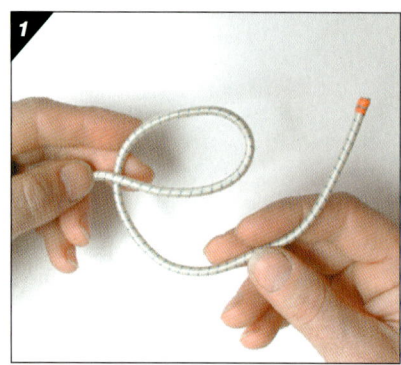

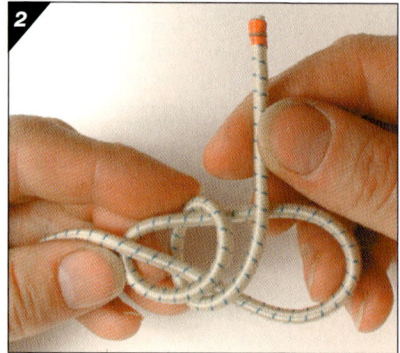

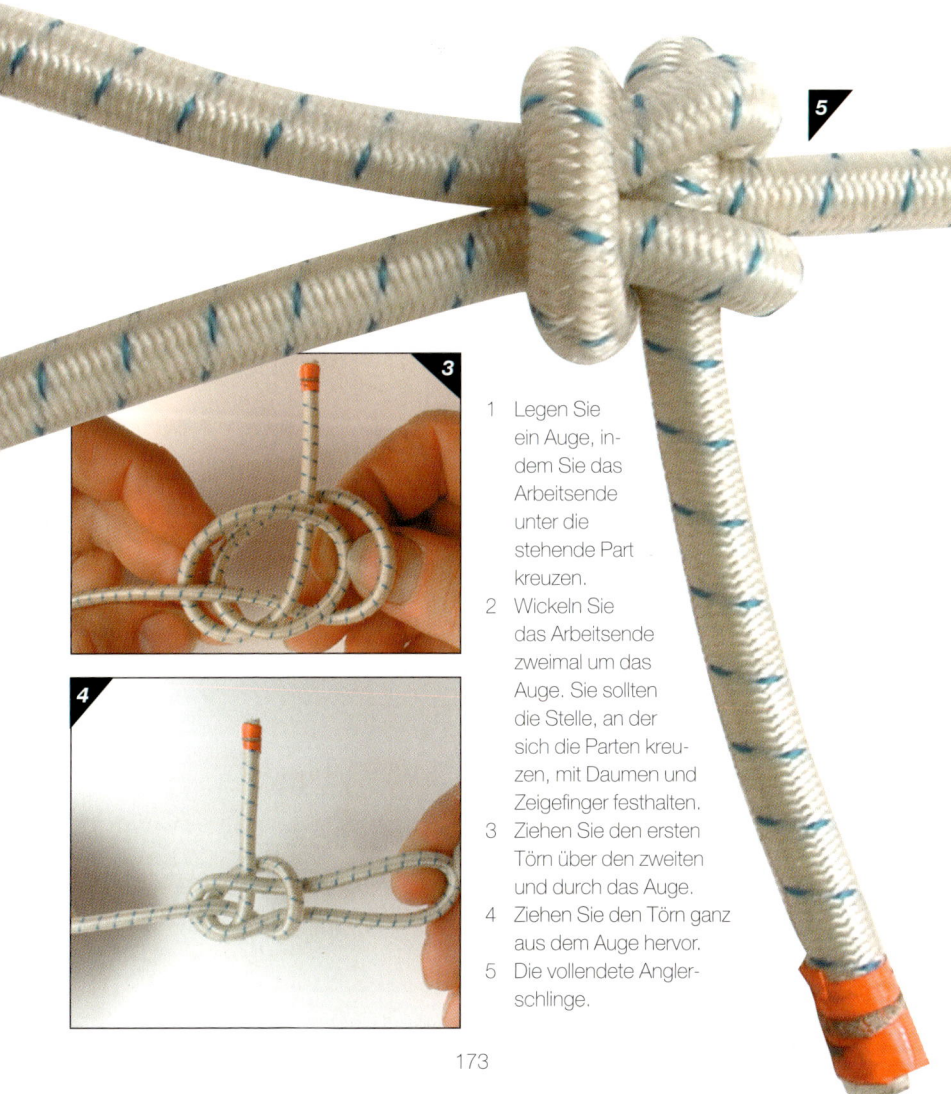

1 Legen Sie ein Auge, indem Sie das Arbeitsende unter die stehende Part kreuzen.

2 Wickeln Sie das Arbeitsende zweimal um das Auge. Sie sollten die Stelle, an der sich die Parten kreuzen, mit Daumen und Zeigefinger festhalten.

3 Ziehen Sie den ersten Törn über den zweiten und durch das Auge.

4 Ziehen Sie den Törn ganz aus dem Auge hervor.

5 Die vollendete Anglerschlinge.

173

Überhandschlaufe

Ein Überhandknoten in der Bucht ist eine sehr einfache Schlinge, die wenig Nutzen hat. Eine auf dieselbe Art angefertigte, allerdings mit einem doppelten Überhandknoten gebundene Schlinge eignet sich jedoch gut für monofile Nylonanglerschnur. Sie besitzt auch als dekorative Schlinge Attraktivität. Wenn Sie glauben, Sie können den Knoten wieder aufbinden, täuschen Sie sich allerdings.

1   Legen Sie eine Bucht, und formen Sie anschließend ein Auge, indem Sie die stehende Part über das Arbeitsende kreuzen.
2   Führen Sie die Bucht durch das Auge, und holen Sie die Schlinge dicht.
3   Die Überhandschlaufe.

Doppelte Überhandschlaufe

1 Wenn Sie den Überhandknoten gebunden haben, holen Sie ihn noch nicht
   dicht …

2 … sondern führen die Bucht ein zweites
   Mal durch das Auge.

3 Ziehen Sie die Schlaufe fest, während
   Sie die Törns sauber formen.

Engländerschlaufe

Ebenso wie der Englische Knoten auch als Fischerknoten bezeichnet wird, nennt man die Engländerschlaufe auch Fischerschlaufe, da beide Bindungen nach demselben Prinzip funktionieren (siehe Seite 116): zwei Überhandknoten, die gegeneinander gedrückt werden. Da diese Eigenschaft sehr symbolisch ist, gehört diese Schlaufe zu den vielen Varianten des „Echte Liebesknoten". Werden die Überhandknoten in eine Richtung gezogen, bedeutet das die Einzigartigkeit wahrer Liebe, werden Sie auseinander gezogen, können sie geslippt werden ... wie traurig!

1 Legen Sie ein Auge, und führen Sie die Bucht durch das Auge.
2 Binden Sie mit dem kurzen Arbeitsende einen Überhandknoten um die stehende Part.
3 Die getrennten Überhandknoten.
4 Die zusammengezogenen Überhandknoten – der vollendete Knoten und das Symbol wahrer Liebe.

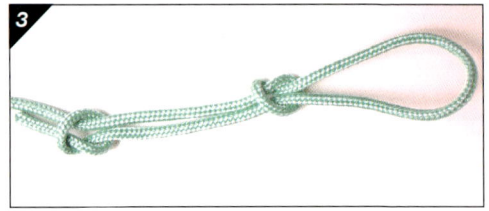

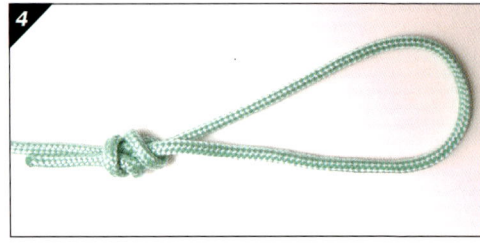

Variante der Überhandschlaufe

Dieser Knoten wird auf ähnliche Weise wie der Kapuziner-Knoten (siehe Seite 42) gebunden. Die laufende Schlaufe greift kräftig um einen Gegenstand. In beide Enden einer leichten Schnur aufgesetzt, eignet er sich als Kordel für die Bügel einer Sonnen- oder Lesebrille. So kann man sie sich um den Hals hängen, wenn sie gerade nicht benötigt wird. Durch vorsichtiges Ziehen am kurzen Arbeitsende, können Sie die Schlaufe lockern, um die Kordel zu entfernen.

Dieselbe Anordnung eignet sich auch zur Befestigung von drehbaren Haken, wenn man zu Beginn zusätzliche Törns schlägt.

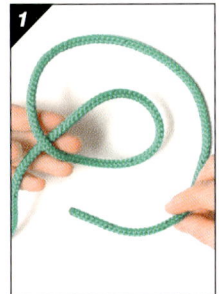

1 Legen Sie ein Auge in die Leine. Lassen Sie das Arbeitsende jedoch lang.

2 Schlagen Sie zwei oder drei Törns um die stehende Part. Ihre Finger liegen dabei parallel zur stehenden Part.

3 Führen Sie das Arbeitsende durch die Öffnung, in der Ihre Finger lagen.

4 Ziehen Sie am Arbeitsende, um die Törns gleichmäßig dicht zu holen.

5 Der fertige Knoten.

Laschings

Laschings verwendet man zum Verbinden von Pfosten, Spieren oder anderen Holzgegenständen. Man bindet sie oft kombiniert, um Anordnungen zu reparieren oder aufzubauen.

Verzeichnis der Laschings

Querbalkenzurring

Eine Querbalkenzurring verbindet zwei Pfosten oder Spieren in einem Winkel von 90 Grad oder annähernd 90 Grad miteinander. Das Tau zum Festmachen der Zurring sollte bedeutend dünner sein als die Spieren. Jeder Törn muss so straff wie möglich gezogen werden, damit die Zurring den gewünschten Zweck optimal erfüllt. Manche Leute bearbeiten jeden Törn sogar mit einem Holzhammer, um die höchst mögliche

Spannung zu erreichen. Die abschließenden Törns, auch Kreuztörns oder Bändseltörns genannt, werden gelegt, um die Törns noch enger an den Pfosten zu drücken. Der zu Beginn aufgesetzte Webeleinenstek wird am besten so ausgerichtet, dass er jeden nach unten gerichteten Zug tragen kann, während der abschließende Webeleinenstek an die anderen Spiere gebunden wird.

1 Legen Sie einen Pfosten senkrecht im Winkel von 90 Grad auf einen zweiten. Binden Sie knapp unterhalb des waagerechten Pfosten einen Webeleinenstek.

2 Ziehen Sie die ganze Leine hinter den Querpfosten.

3 Führen Sie die Leine um den senkrechten Pfosten und wieder hinter den Querpfosten zurück zum Webeleinenstek. Ziehen Sie die Leine straff.

4 Schlagen Sie zwei bis drei weitere Rundtörns um den Pfosten. Ziehen Sie die Törns nach jedem Schlag kräftig fest.

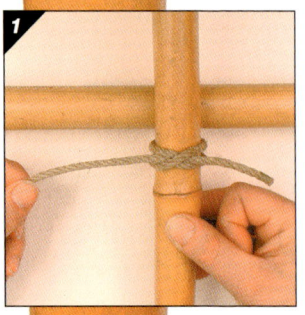

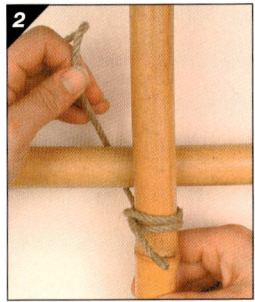

5 Führen Sie die Leine von hinten um den Querbalken, und umwickeln um Sie ihn direkt an der Schnittstelle, nachdem der Webeleinenstek bedeckt ist. Die Törns am Querbalken sind Kreuztörns. Ziehen Sie diese so straff wie möglich.

6 Schlagen Sie zwei Paare Kreuztörnstörns.

7 Stoppen Sie die Zurring mit einem Webeleinenstek am Querpfosten.

8 Die vollendete Zurring.

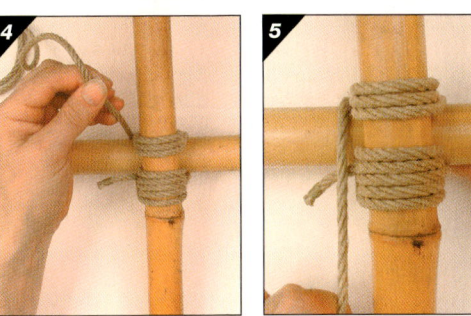

Kreuzzurring

Diese Zurring wird an der Schnittstelle zweier Spieren verwendet, bei denen die Möglichkeit besteht, dass sie sich verschieben. Man macht zunächst einen Zimmermannsstek um beide Spieren, um sie miteinander zu verbinden. Ziehen Sie die folgenden Törns so fest wie möglich. Die folgenden Kreuztörns müssen noch straffer gezogen werden. Stoppen Sie die Kreuzzurring mit einem Webeleinenstek an der geeignetsten Spiere.

1 Binden Sie einen Zimmermannsstek um die gekreuzten Spieren.

2 Schlagen Sie einen Törn um die Spieren, um den Zimmermannsstek dicht zu holen.

3 Schlagen Sie zwei bis drei weitere Törns in dieselbe Richtung. Ziehen Sie diese so fest wie möglich.

4 Ändern Sie die Richtung, indem Sie den nächsten Törn nur um eine Spiere legen.

5 Schlagen Sie im rechten Winkel zu den ersten Törns drei weitere um die beiden Spieren. Ziehen Sie diese wieder sehr straff.

6 Führen Sie das Arbeitsende um eine Spiere, damit Sie die Kreuztörns legen können.

7 Schlagen Sie zwei Paare Kreuztörns.

8 Beenden Sie die Zurring mit einem Webeleinenstek.

9 Die Kreuzzurring.

Zurring für einen zweibeinigen Bock

Diese Zurring lässt sich für verschiedene Zwecke einsetzen. Zunächst kann man mit ihr einen zweibeinigen Bock herstellen. Man kann aber auch mit zwei oder drei Zurrings mehrere Rundhölzer zu einer längeren Spiere verbinden. Für einen zweibeinigen Bock werden zunächst zwei Rundhölzer nebeneinander gelegt, an deren Enden man die Zurring bindet. Beginnen Sie mit einem Webeleinenstek an einem der Rundhölzer. Legen Sie anschließend die ersten Törns, und halten Sie diese lose. Auch die Kreuztörns werden nicht sehr straff gelegt, da sie sich selbst festziehen, wenn der Bock geöffnet wird.

Zur Herstellung einer längeren Spiere geht man etwas anders vor. Legen Sie die Rundhölzer so, dass sich deren Enden ein längeres Stück überlappen. Binden Sie um beide Hölzer einen Webeleinenstek, Würgeknoten oder Zimmermannsstek. Legen Sie mehrere Törns, und ziehen Sie diese so straff wie möglich, da in diesem Fall aufgrund mangelnden Abstandes zwischen den Rundhölzern keine Kreuztörns mehr angebracht werden. Sichern Sie die Zurring mit einem um beide Hölzer gebundenen Webeleinenstek. Stecken Sie das Ende nach Möglichkeit unter die Zurring. Binden Sie eine zweite Zurring an das Ende, an dem sich die Rundhölzer überlappen. Manchmal ist eine dritte Zurring in der Mitte notwendig.

1 Binden Sie einen Webeleinenstek um beide Spieren.

2 Umwickeln Sie beide Spieren, und bedecken Sie das kurze Ende des Webeleinensteks.

3 Schlagen Sie weitere acht bis zehn Törns um die Spieren. Die Zurring könnte nun mit einem Webeleinenstek um beide Spieren beendet, oder

4 … mit mehreren Kreuztörns zwischen den Spieren fortgesetzt werden.

5 Binden Sie abschließend einen Webeleinenstek um eine der Spieren.

6 Die Zurring für einen zweibeinigen Bock an parallel liegenden Spieren.

7 Die Zurring an den geöffneten Spieren eines zweibeinigen Bocks.

Dreifußzurring

Mit dieser Zurring werden drei Spieren miteinander verbunden, um einen Dreifuß herzustellen. Die drei Spieren werden nebeneinander gelegt. Um eine der äußeren Spieren bindet man in einiger Entfernung vom Ende einen Webeleinenstek. Die Rundtörns werden dann abwechselnd von oben und unten um die drei Spieren gelegt. Nachdem eine ganze Reihe Rundtörns angebracht worden sind, legt man die Kreuztörns und beendet die Zurring mit einem Webeleinenstek am Ende einer äußeren Spiere. Der Dreifuß kann nun geöffnet werden.

1   Binden Sie einen Webeleinenstek um eine der äußeren Spieren, und führen Sie die Leine unter und über die anderen beiden Spieren.

2   Schlagen Sie einen Törn um die äußere Spiere, um die kein Webeleinenstek liegt, und führen Sie die Leine erneut über und unter die beiden anderen Spieren.

3   Schlagen Sie acht bis neun weitere Törns, bevor Sie mit den Kreuztörns beginnen.

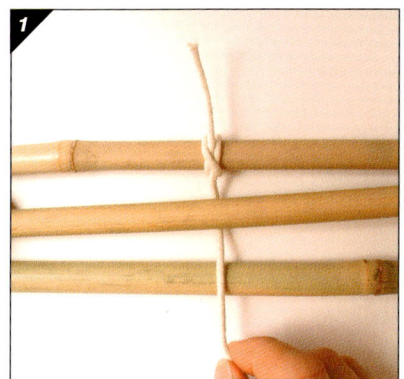

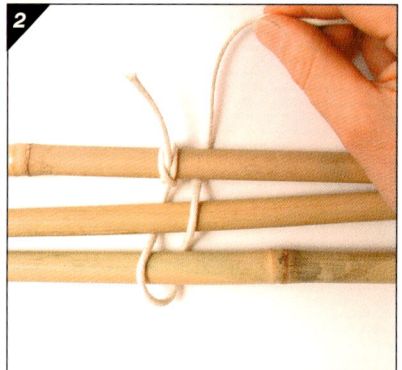

4 Legen Sie die Leine parallel zu den Spieren, und bringen Sie einige Kreuztörns an.

5 Nachdem Sie zwischen die ersten beiden Spieren Kreuztörns geschlagen haben, legen Sie weitere zwischen dem anderen Paar Spieren.

6 Binden Sie einen Webeleinenstek um die Spiere, an der Sie begonnen haben.

7 Der Dreifuß kann nun geöffnet werden.

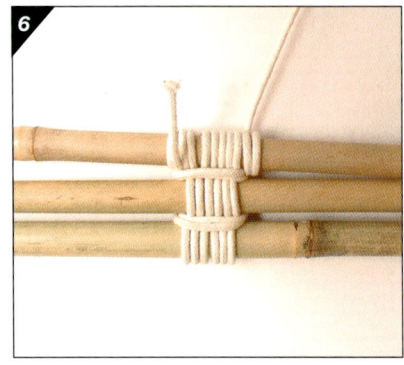

Spanische Winde

Die Spanische Winde ist eine primitive aber ziemlich wirkungsvolle Methode, um eine Leine mit Hilfe zweier Rundhölzer, oder – bei dünnerem Tauwerk – mit einem Dorn und einem Stab zu spannen. Seien Sie vorsichtig, da sehr schnell ein hoher Grad an Spannung erreicht ist. Es besteht sogar die Gefahr eines Rückstoßes. Dennoch ist diese Methode sehr nützlich in Notsituationen. Dem Tauwerk schadet sie jedoch eher, da sie den Schlag der Leine verzerrt und große örtliche Reibung verursacht.

1 Sie benötigen zunächst eine senkrechte und eine waagerechte Spiere. Fassen Sie die Leine mit der an die senkrechte Spiere gelehnten waagerechten Spiere, und drehen Sie diese.

2 Legen Sie die waagerechte Spiere im rechten Winkel an die senkrechte, und winden Sie diese um die senkrechte Spiere. Führen Sie die waagerechte Spiere jeweils über bzw. unter die Leine, wenn sie sich überschneiden.

3 Fahren Sie fort, bis genügend Spannung erzeugt wurde. Halten Sie die Spannung, indem Sie die waagerechte Spiere mit Ihrer Hand gegen die Leine drücken, oder beauftragen Sie jemanden, ein Bändsel um Spiere und Leine zu schlagen.
Vorsicht, es besteht Rückstoßgefahr.

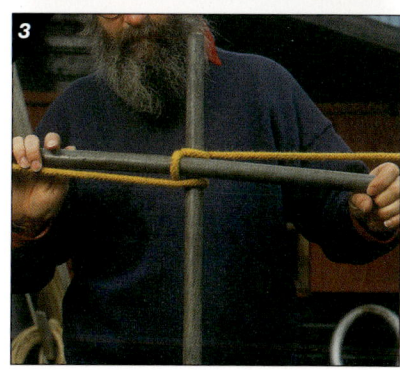

Plattings und Flechtungen

Platting ist ein Ausdruck, den eigentlich die Seemänner in vergangenen Zeiten benutzten. Man kann auch Flechtung oder Zopf zu dieser Art Gebinde sagen. Jeder dieser Ausdrücke beschreibt eine Kombination von mehreren Leinen, die zu einem stärkeren Stück Tauwerk mit bestimmter Form und Muster verbunden werden.

Verzeichnis der Plattings und Flechtungen

Drei-Strang-Platting / -Flechtung

Die Drei-Strang- oder Einfache Platting ist eine Flachplatting. Sie ist die einfachste von allen und überall auf der Welt zu sehen. Auch die Zöpfe kleiner Mädchen sind Plattings. Die Platting wird zwar häufig zur Dekoration eingesetzt, erfüllt aber auch viele praktische Zwecke. Flicht man sie in Stroh oder Palmblätter, kann man Hüte und Matten daraus herstellen. Da miteinander verflochtene Leinen stärker sind als drei einzelne, stellten Seemänner in vergangenen Zeiten viele Plattings oder Flechtungen aus den Fasern abgenutzten Tauwerks her und verwendeten sie für alle erdenklichen Zwecke rund um das Schiff. Vom Flechten dieser Platting aus drei Paaren Stränge bis zum Arbeiten mit neun Paaren ist es nur ein kleiner Schritt.

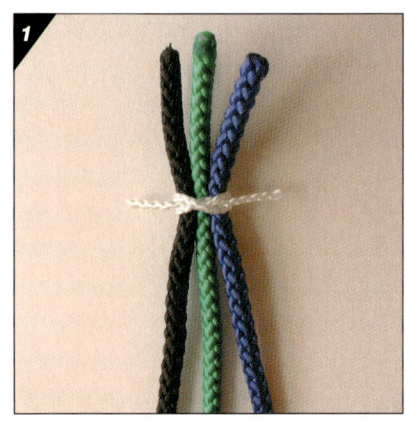

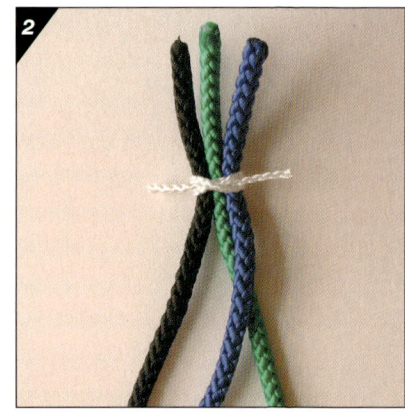

1 Ordnen Sie drei Stränge flach nebeneinander an.

2 Führen Sie den rechten äußeren Strang
über den nächsten und in die Mitte der
anderen beiden Stränge.

3 Legen Sie den linken äußeren Strang
in die Mitte der beiden anderen
Stränge.

4 Führen Sie den äußeren rechten Strang
in die Mitte. Wiederholen Sie diese
Schritte mit dem jeweils rechten und
linken äußeren Strang, bis die Platting
die gewünschte Länge erreicht hat.

5 Vollendete Drei-Strang-Platting.

Vier-, Fünf- und Sechs-Strang-Platting / -Flechtung

Das Geheimnis einer schönen Platting ist die gleichmäßige Verteilung von Spannung auf alle Stränge, damit man eine gleichmäßige Flechtung erhält. Sie werden beim Arbeiten merken, dass sich die langen Enden, die an Ihren Händen herabhängen, verknoten. Trennen Sie diese vor dem Flechten sorgfältig. Sie sollten die Stränge bündeln und mit Gummis oder Halben Schlägen verbinden, wenn Sie eine lange Platting flechten wollen. Wenn Sie mehr Leine benötigen sollten, können Sie die Platting wieder aufknüpfen.

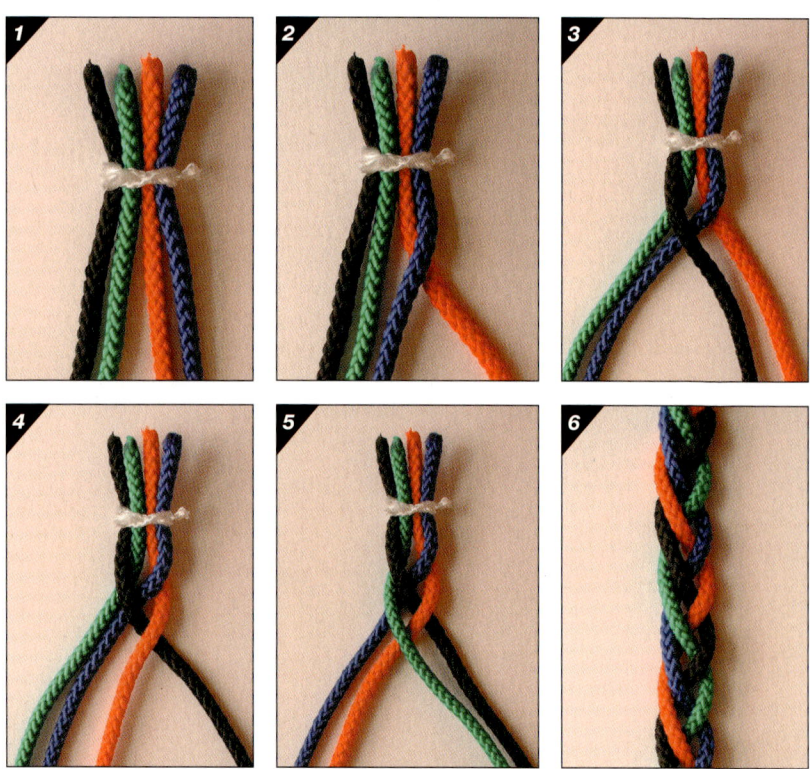

Vier-Strang-Platting/-Flechtung

1 Legen Sie die vier Stränge, die Sie zur Mitte etwas öffnen, nebeneinander.

2 Führen Sie den rechten äußeren Strang über den nächsten in die Mitte der Stränge.

3 Legen Sie den linken äußeren Strang über die benachbarten Stränge in die Mitte.

4 Bringen Sie den rechten äußeren Strang über die benachbarten Stränge in die Mitte.

5&6 Führen Sie den linken äußeren Strang in die Mitte. Wiederholen Sie diesen Schritt mit den sich jeweils außen befindlichen Strängen, bis die Platting lang genug ist. Die geflochtene Platting.

Fünf-Strang-Platting/-Flechtung

7 Ordnen Sie drei Stränge zur Rechten und zwei Stränge zur Linken flach nebeneinander an. Führen Sie zunächst den äußeren rechten und anschließend den äußeren linken Strang zur Mitte.

8 Wiederholen Sie diesen Schritt mit den jeweils äußersten Strängen, bis die Platting die gewünschte Länge erreicht hat.

Sechs-Strang-Platting/-Flechtung

9 Legen Sie drei Stränge rechts und drei Stränge links. Führen Sie zunächst den äußeren rechten und anschließend den äußeren linken Strang zur Mitte.

10 Wiederholen Sie diesen Schritt mit den äußersten Strängen.

Vier-Strang-Vierkant-Platting

Mit vier Strängen kann man einen Zopf oder eine Platting flechten, die nicht flach sondern viereckig ist. Wenn Sie dieselbe Platting anschließend zwischen den Händen oder unter dem Fuß rollen, könnten Sie sogar behaupten, die Platting sei rund. Sollten Sie die Platting mit vier Paaren anstatt vier einzelnen Strängen flechten, wird sie noch runder und bildet außerdem die Grundlage zur Herstellung der achtfach geflochtenen Leine (siehe Seite 17).

1 Ordnen Sie die vier Stränge zu einem quadratischen Bündel an. Öffnen Sie dieses Bündel, indem Sie die oberen beiden zwischen die unteren Stränge legen. Lassen Sie zwischen jedem Strang etwas Platz.

2 Führen Sie den rechten äußeren Strang hinter den beiden nächsten Strängen entlang, und legen Sie ihn auf den mittleren der beiden.

3 Bringen Sie den linken äußeren Strang hinter die beiden nächsten Stränge, und legen Sie ihn auf den mittleren der beiden.

4 Führen Sie den nun rechts außen befindlichen Strang hinter die beiden nächsten Stränge, und legen Sie ihn auf den mittleren der beiden.

5 Wiederholen Sie diesen Schritt mit dem nun links außen befindlichen Strang.

6 Fahren Sie mit dem Flechten fort, bis die Platting die gewünschte Länge erreicht hat.

7 Die Vier-Strang-Vierkant-Platting.

Kronenplattings

Wenn man mehrere Kronenknoten auf eine der auf Seite 54 dargestellten ähnlichen Methode übereinander bindet, erhält man eine große Auswahl interessanter und nützlicher Plattings. Werden die Kronenknoten alle in dieselbe Richtung gemacht, entsteht eine Rundplatting. Schlägt man die Kronen allerdings abwechselnd in einander entgegengesetzte Richtungen, erhält man eine Vierkant-Platting.

Eine Kronenplatting lässt sich auch aus drei Strängen flechten. Allerdings hält sie nicht besonders gut. Sollte sie jedoch aus drei Paaren gebunden sein, die richtig straff gezogen und in dieselbe Richtung gearbeitet sind, erhält man eine sehr kunstvolle Platting. Vier Paar Stränge können nach derselben Methode geflochten werden.

Fortsetzung auf Seite 200.

Runde Vier-Strang-Kronenplatting

1 Binden Sie einen Vierstrang-Kronenknoten, bei dem sich die Stränge gegen den Uhrzeigersinn ausrichten. Holen Sie ihn dicht.

2 Setzen Sie eine zweite Krone mit derselben Richtung auf die erste. Ziehen Sie diese straff, damit sie fest auf der vorhergehenden Krone sitzt.

3 Wiederholen Sie diese Schritte, bis die Platting ihre volle Länge erreicht hat.

Eine etwas andere Platting lässt sich aus sechs Strängen flechten, indem man jeweils ein Bündel Stränge zur Krone bindet: Zunächst flicht man drei Stränge und setzt anschließend die anderen drei darüber. Die Richtung wird beibehalten. Dieselbe Methode kann bei acht Strängen angewendet werden, indem man jeweils vier Stränge zu einer Krone bindet. Wenn Sie einen einfachen Kronenknoten mit sechs Strängen binden, werden Sie einen Hohlraum in der Mitte bemerken. Sechs Stränge können nicht so fest gezogen werden, dass sie diesen Hohlraum ausfüllen. Sie können einen Strang in die Mitte führen und erhalten eine Sechs-Strang-Kronenplatting mit Kern. Mit dieser Platting können alle Arten Kerne bedeckt werden. Hier gilt: Je mehr Stränge man verwendet, desto dicker muss der Kern sein. Die Einsatzmöglichkeiten dieser Auswahl an Kronenplattings bleiben Ihrer Phantasie überlassen. Sie umfassen zum Beispiel Zierkordeln von Schiffs- glocken, Fender, Hundeleinen und Schlüs- selanhänger – die Liste ist endlos.

Vier-Strang-Vierkant-Kronenplatting

1 Setzen Sie einen Kronenknoten mit vier Strängen auf, dessen Enden ent- gegen dem Uhrzeigersinn gerichtet sind. Holen Sie ihn dicht.

2 Binden Sie eine weitere Krone in die entgegengesetzte Richtung (im Uhrzei- gersinn) auf die erste Krone. Die Stränge zeigen zurück in die Richtung, aus der sie gekommen sind. Ziehen Sie den Knoten straff, damit er fest auf dem an- deren sitzt.

3 Flechten Sie in abwechselnde Richtung weitere Kronen, bis die Platting lang genug ist.

Doppelkronen-Platting

1 Flechten Sie die Krone aus Paaren von Strängen.

2 Binden Sie weitere Paare wie bei der vorherigen Platting in dieselbe Richtung (auch dieses Beispiel), um eine Rundplatting anzufertigen, oder abwechselnd in einander entgegengesetzte Richtungen zur Herstellung einer Vierkant-Platting.

Variante eines Sechs-Strang-Kronenplatting

1 Spreizen Sie die sechs Stränge sauber voneinander ab. Binden Sie jeden zweiten Strang zu einer Krone.

2 Flechten Sie nun die übrigen Stränge zu einer weiteren Krone. Diese Krone wird in dieselbe Richtung gebunden wie die erste.

3 Holen Sie die Krone dicht, damit sie fest auf der anderen sitzt.

4 Setzen Sie weitere Kronen nach Schritt 1 und 2 auf, bis die Platting die volle Länge erreicht hat.

Sechs-Strang-Kronenplatting

1 Binden Sie einen Kronenknoten mit sechs Strängen. Ziehen Sie ihn so fest wie möglich. In der Mitte bleibt allerdings ein Hohlraum.

2 Setzen Sie eine weitere Krone darüber. Flechten Sie diese in dieselbe Richtung, wenn Sie eine Rundplatting wünschen oder in die entgegengesetzte Richtung, wenn Sie ein Sechseck erhalten möchten. Sie können den Hohlraum mit einem Kern füllen.

3 Wiederholen Sie die Schritte, bis Sie mit der Länge der Platting zufrieden sind.

Spleiße

Einen Spleiß kann man als einen aus mehreren Strängen gebundenen Knoten betrachten. Er lässt sich als feste Verbindung oder Stopp einer Leine verwenden. Ein gut gebundener Spleiß ist stärker als die meisten Knoten.

Tipps fürs Spleißen

Sie sollten die Tampen der Kardeele beim Spleißen verkleben. Mit Hilfe eines Schwedischen Marlspiekers lassen sich die Kardeele problemlos führen. Die hier gezeigten Spleiße werden in dreikardeeliges Tauwerk eingesteckt. Dieselben Methoden lassen sich jedoch auch bei vierkardeeligem Tauwerk anwenden, sollten Sie jemals damit zu tun haben. Nehmen Sie die Mühe auf sich, den Spleiß so zu binden, dass alle Kardeele denselben Grad Spannung tragen sowie fest, sauber und glatt sitzen. Verschneiden Sie die Tampen der Kardeele nicht zu kurz, da sie sonst bei der ersten Belastung ausslippen könnten.

Verzeichnis der Spleiße

Rückspleiß und Abschrägen eines Spleißes

Der Rückspleiß ist ein fester Stopp im Tampen eines dreikardeeligen Taus. Er ist sehr griffig, hat aber den Nachteil, dass er den Durchmesser des Taus vergrößert, so dass es nur schwer durch Augbolzen, Blöcke und andere kleine Öffnungen geschert werden kann. Man beginnt den Spleiß mit einem Kronenknoten und steckt anschließend alle Kardeele gegen den Schlag in einer „Über-und-unter-Methode" ein. Bearbeiten Sie alle Kardeele gleichmäßig: Stecken Sie jedes Kardeel ein, bevor Sie den nächsten Satz stecken.

   Jeder Spleiß sollte einen sauberen, sich verjüngenden Abschluss erhalten. Es gibt eine schnelle Methode, welche die Segelmacher anwenden: Zuerst wird ein Kardeel fallen gelassen, während die beiden anderen Kardeele wie gewöhnlich eingesteckt werden, anschließend wird wieder ein Kardeel fallen gelassen und ein Kardeel normal gesteckt. So erhalten Sie einen Spleiß, bei dem die Tampen an einer Seite untereinander vom Tau abstehen anstatt rundherum. Man kann den Spleiß noch verbessern, indem man ihn unter dem Fuß rollt, nachdem alle Kardeele unter gesteckt sind.

1   Binden Sie einen Kronenknoten (siehe Seite 54), nachdem Sie die Kardeele sauber geöffnet haben. Binden Sie ihn so, dass er gleichmäßig auf dem Ende des Taus sitzt.

2   Führen Sie ein beliebiges Kardeel entgegen dem Schlag über das Nachbarkardeel und unter das folgende (mit anderen Worten: Richten Sie das Kardeel im S-Schlag aus).

3   Arbeiten Sie das Kardeel in eine sau-
    bere Position, indem Sie es dicht holen.
    Ziehen Sie es jedoch nicht zu straff,
    um das Tau nicht zu verzerren.

4   Stecken Sie nun das nächste Kardeel
    über das benachbarte und unter das
    folgende Kardeel.

5   Führen Sie nun das letzte Kardeel zu-
    nächst über das benachbarte Kardeel
    und anschließend unter das folgende.

6   Das erste Satz ist nun gesteckt. Die
    Kardeele sollten nun alle unter einem
    anderen Kardeel herauskommen und
    auf derselben Ebene liegen.

7   Stecken Sie nun den nächsten Satz.
    Führen Sie dazu wieder ein beliebiges
    Kardeel über das erste und anschlie-
    ßend unter das zweite Kardeel.

8   Stecken Sie diesen Satz vollständig.
    Die Kardeele sollten wieder unter einem
    anderen Kardeel herauskommen und
    auf derselben Ebene liegen.

9   Drei vollständige Sätze genügen.

10 Verschneiden Sie die Enden nicht zu
    kurz.

11 Beenden Sie den Spleiß nach der
    schnellen Methode, indem Sie ein
    Kardeel fallen lassen und die anderen
    beiden einstecken und anschließend
    nur ein Kardeel unter stecken.

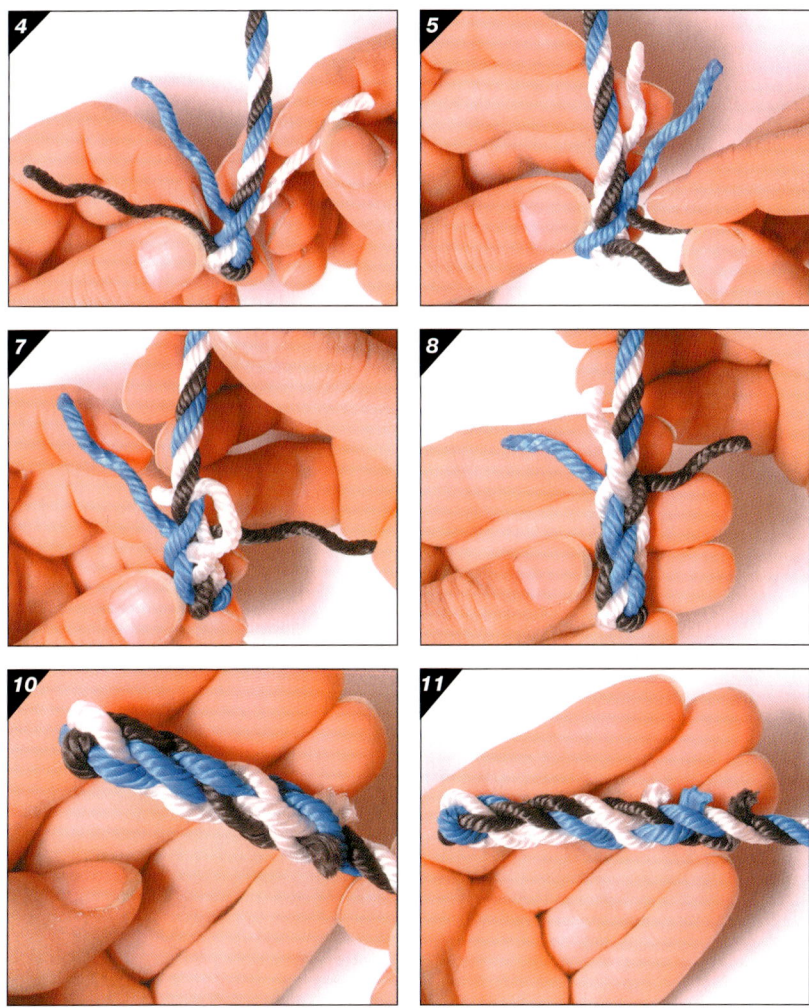

Augspleiß

Durch diese Methode des Spleißens erhält man ein festes Auge am Ende eines dreikardeeligen Taus. Das erste Einstecken könnte etwas verwirrend sein. Die offenen Kardeele sollten sauber am Tau liegen. Denken Sie daran, dass Sie alle Kardeele gleichmäßig in den Spleiß einarbeiten: Alle Kardeele werden der Reihe nach entgegen dem Schlag unter das nächste gesteckt – von links nach rechts um das Tau. Wenn Sie den ersten Satz gesteckt haben, sollten sich alle Kardeele auf einer Ebene befinden. Es empfiehlt sich, einen vorübergehenden Stopp, z. B. einen Würgeknoten (siehe Seite 107), zu binden, um das Aufdrehen der Kardeele zu verhindern. Entfernen Sie ihn, sobald Sie den ersten Satz eingesteckt haben. Ziehen Sie den ersten Satz sinnig fest. Jedes Kardeel soll den gleichen Grad an Spannung tragen. Fahren Sie anschließend mit dem Einstecken fort.

Stecken Sie fünf volle Sätze bei rein synthetischem Tauwerk. In Naturfaser reichen drei Sätze.

Der Augspleiß kann auch mit einer im Auge befindlichen Kausch aus Metall oder Nylon hergestellt werden. Sie schützt vor Schamfilung und verteilt die Belastung gleichmäßig auf beide Seiten des Auges. Man benötigt schon etwas Erfahrung, um die Kausch sauber und straff anzubringen, nachdem die Sätze gesteckt und der Stopp entfernt wurde. Versuchen Sie einen Zwischenraum am Fuß der Kausch oder lose geschlagenes Tau, an der Stelle, an der die Kardeele

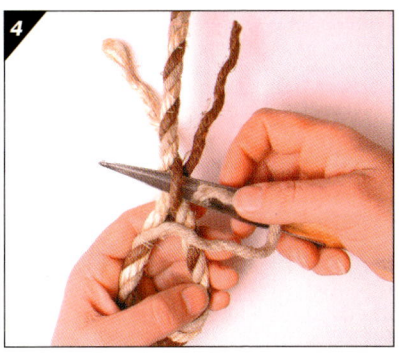

zum ersten Mal eingesteckt wurden, zu vermeiden. Ein Augspleiß mit Kausch wird als hartes, ein Augspleiß ohne Kausch als weiches Auge bezeichnet.

Welche Art Augspleiß man auch anfertigt, man schrägt ihn abschließend am besten ab. Dazu schneidet man aus jeder Kardeel einige Fasern heraus, wobei man das Kardeel etwa um ein Drittel reduziert, und steckt einen vollständigen Satz. Anschließend reduziert

Weiter auf Seite 212.

1 Binden Sie in einiger Entfernung vom Tampen einen Würgeknoten in das Tau. Drehen Sie das Tau bis zu diesem Punkt auf, und legen Sie die Kardeele so, dass zu jeder Seite des Taus und entlang dessen Mitte ein Kardeel liegt.

2 Stecken Sie das erste Kardeel gegen den Schlag unter das Kardeel in der stehenden Part, zu dem es sich am nächsten befindet – mit anderen Worten: Stecken Sie Kardeel # 1 unter # 1 in der stehenden Part.

3 Drehen Sie den Spleiß leicht, und stecken Sie das rechts vom ersten befindliche Kardeel unter das sich rechts vom ersten in der stehenden Part befindliche Kardeel. Anders gesagt: Stecken Sie # 2 unter # 2 in der stehenden Part.

4 Drehen Sie den Spleiß weiter, und führen Sie # 3 unter # 3 in der stehenden Part. Stecken Sie das Kardeel gegen den Schlag.

man das Kardeel um die Hälfte und steckt den abschließenden Satz.

Man kann den Spleiß noch verbessern, indem man ihn unter den Fuß rollt, nachdem alle Kardeele eingesteckt sind.

5 Alle Kardeele sollten nun auf gleicher Höhe abstehen.

6 Stecken Sie die Kardeele bei Naturfasertauwerk wie beim Rückspleiß zwei volle Sätze, bei Synthetikfasertauwerk jedoch vier volle Sätze „über-und-unter" durch. Die Enden können anschließend – nicht zu kurz – verschnitten werden.

7 Die Enden können abgeschrägt werden, indem man ein Drittel der Fasern aus jedem Kardeel entfernt und die Kardeele unter steckt. Anschließend entfernt man die Hälfte der restlichen Fasern und steckt die Kardeele unter.

8 Vollendeter harter Augspleiß.

Kurzspleiß

Dieser Spleiß verbindet zwei gleich starke
Taue fest und dauerhaft miteinander.
Das Verbinden der zwei Sätze Kardeele,
damit sie gut zusammenpassen, nennt
man „paarweises Zusammenstecken".
Am Beginn kann ein kleines Bändsel aus
Nylon- oder Polyestergarn, das sich
schnell lösen lässt, die Arbeit erleichtern.
Entfernen Sie das Bändsel, sobald Sie
den ersten Satz eingesteckt haben. Stecken Sie abwechselnd die Kardeele je
einer Seite vollständig durch, bis in jede
Richtung fünf Sätze gesteckt sind. Wenn
Sie Naturfasertauwerk verwenden, reichen drei Sätze.

Die besten Spleiße verjüngen sich am
Ende. Ein gut gearbeiteter Kurzspleiß
ist äußerst stabil, ohne jedoch den Umfang des Taus zu vergrößern.

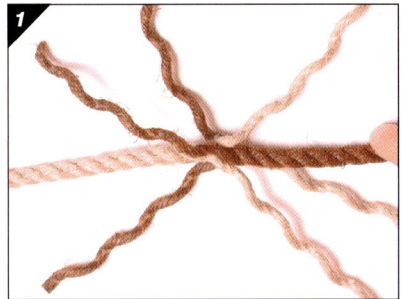

1 Drehen Sie beide Taue auf, und ordnen
   Sie die Kardeele so an, dass ein Kardeel
   auf ein Kardeel des gegenüberliegenden
   Taus folgt. Diesen Schritt bezeichnet
   man als „paarweises Zusammenstecken".

2 Die zwei Taue können für das erste
   Durchstecken mit einem vorübergehenden Knoten, z. B. einem Würgeknoten,
   zusammengebunden werden.

3 Stecken Sie ein beliebiges Kardeel entgegen dem Schlag über das benachbarte
   und unter das darauf folgende Kardeel.

4 Stecken Sie das zweite und dritte Kardeel
   genauso ein, damit auf einer Seite ein Satz
   vollständig ist.

5 Drehen Sie das Tau herum. Stecken Sie die anderen drei Kardeele jeweils über und unter die folgenden Kardeele.

6 Der Würgeknoten kann entfernt werden, wenn auf jeder Seite ein vollständiger Satz Kardeele eingesteckt wurde. Lose können durch leichtes Ziehen an allen Kardeelen entfernt werden.

7 Stecken Sie auf jeder Seite zwei weitere volle Sätze Kardeele ein (wenn Sie mit Naturfasern arbeiten, bei synthetischen Fasern sind vier Sätze notwendig). Verschneiden Sie die Enden, und rollen Sie den Spleiß unter dem Fuß, um ihn abzurunden.

8 Der fertige Spleiß.

Langspleiß

Da ein Kurzspleiß den Umfang eines Taus gewöhnlich vergrößert, kann er das Scheren durch Blöcke und Augen erschweren. Der Langspleiß stellt eine gute Lösung dar, da die Kardeele hier an drei etwas voneinander entfernten Stellen durchgesteckt werden. Der Umfang vergrößert sich in geringstem Maß. Einige Varianten des Spleißes verändern den Durchmesser überhaupt nicht, die Verbindungsstelle ist fast unsichtbar. Es gibt sehr viele Versionen und Meinungen zur Herstellung eines Langspleißes, von denen jede etwas für sich hat. Sie verleihen dem Seemannsspruch „Für jedes Schiff einen Langspleiß" Glaubhaftigkeit. Die hier gezeigte Variante hat allgemeinen Charakter. Es muss angemerkt werden, dass Langspleiße, unabhängig von der Variante, nicht so stark wie Kurzspleiße sind.

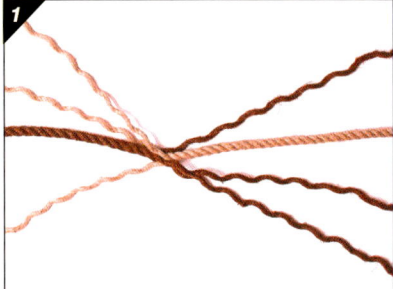

1   Drehen Sie beide Leinen ein langes Stück auf, und verbinden Sie diese paarweise, indem Sie die Kardeele so anordnen, dass ein Kardeel jeweils auf ein anderes der gegenüberliegenden Leine folgt.

2   Wählen Sie ein Paar Kardeele aus – jeweils ein Kardeel von jedem Tau. Drehen Sie ein Kardeel vorsichtig auf, und schlagen Sie das andere sorgfältig an diese Stelle.

3   Nun sollten Sie ein Paar Kardeele ein großes Stück von der Mitte bzw. von der Verbindungsstelle entfernt haben.

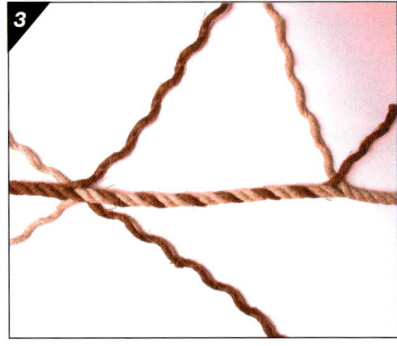

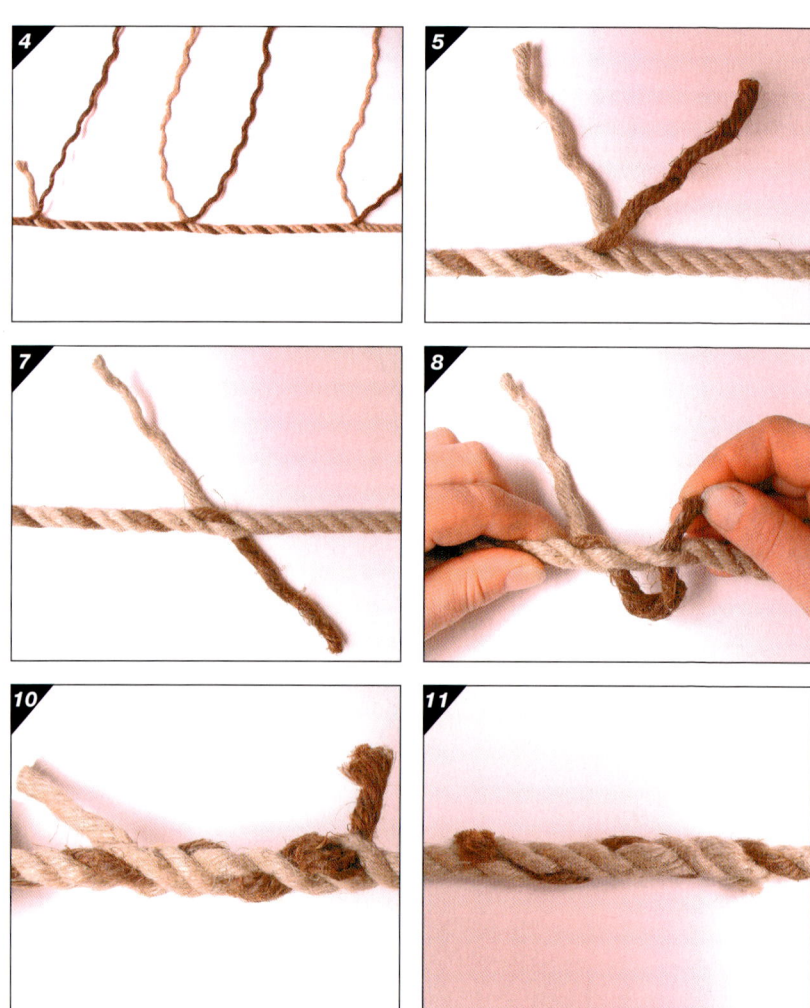

4   Lassen Sie ein Paar Kardeele in der Mitte. Drehen Sie ein Kardeel des letzten Paars auf, und legen Sie das andere Kardeel in die dort entstandene Rille.

5   Verschneiden Sie das längste Paar Kardeele so, dass Sie gut damit arbeiten können.

6   Binden Sie den ersten Teil eines Reffknotens, indem Sie das linke über das rechte Kardeel zu einem Auge kreuzen und das Ende des linken Kardeels durch das Auge führen.

7   Holen Sie den Knoten dicht. Wenn Sie das Auge in die richtige Richtung gelegt haben, sollte der Knoten fest auf dem Tau sitzen.

8   Führen Sie ein Kardeel über sich selbst, und stecken Sie es entgegen dem Schlag unter das benachbarte Kardeel.

9   Wiederholen Sie diesen Schritt mit dem anderen Kardeel.

10 Stecken Sie beide Kardeele noch einmal „über-und-unter".

11 Ein Paar Kardeele ist nun vollständig durchgesteckt. Wiederholen Sie die Schritte mit den übrigen beiden.

12 Sind die Enden an allen drei Stellen durchgesteckt und verschnitten, ist der Langspleiß vollendet.

Seitenspleiß

Dieser Spleiß eignet sich sehr gut, wenn Sie eine Leine im rechten Winkel an ein Tau desselben Umfangs oder an ein etwas dickeres binden müssen, z. B. bei einer Strickleiter, am Bugspriet oder in einem schweren Netz.

1 Drehen Sie die Kardeele der Leine, die Sie mit der Hauptleine verbinden möchten, auf. Ordnen Sie diese fächerförmig an. Stecken Sie das linke Kardeel entgegen dem Schlag durch zwei Kardeele in der Hauptleine.

2 Führen Sie das mittlere Kardeel unter ein Kardeel der Hauptleine. Es muss an derselben Stelle wie das erste Kardeel herauskommen.

3 Stecken Sie das dritte Kardeel an derselben Stelle, an der das mittlere Kardeel durchgesteckt wurde, unter zwei Kardeele.

4 Führen Sie das linke Kardeel über zwei Kardeele der Hauptleine nach unten, und stecken Sie es entgegen dem Schlag unter das mittlere Kardeel der zweiten Leine.

5 Führen Sie das rechte Kardeel zunächst über zwei Kardeele der Hauptleine und anschließend durch sich selbst.

6 Drehen Sie die Leinen um. Stecken Sie das ehemals mittlere Kardeel über zwei Kardeele der Hauptleine und durch das Kardeel, durch das noch kein anderes Kardeel gesteckt wurde.

7 Die Kardeele sollten nun auf derselben Höhe herauskommen. Arbeiten Sie alle Lose heraus.

8 Stecken Sie alle Kardeele einmal wie beim gewöhnlichen Spleißen „über-und-unter". Sie können den Spleiß verschneiden und abschrägen, nachdem Sie einen weiteren Satz (drei weitere Sätze für synthetisches Tauwerk) eingesteckt haben.

9 Der fertige Spleiß.

Dekorative und ausgefallene Knoten

Ein Türkischer Bund ist lediglich eine aus einer Leine bestehende, gleichmäßige Flechtung, welche man um einen Gegenstand bindet. Der vollendete Türkische Bund scheint weder Anfang noch Ende zu besitzen. Er wird auf der ganzen Welt in unterschiedlichen Größen und Varianten in eine Vielzahl von Materialien geflochten und sogar in Stein geschnitten. Sein Gebrauch ist so unterschiedlich wie die Materialien, in die er gearbeitet wird. Der Basisknoten wird als einzelner Strang gebunden, welchen man nach Belieben verdoppeln oder verdreifachen kann. Zur Unterscheidung der Türkischen Bunde zählt man die Anzahl der äußeren Schlaufen, Buchten genannt, und die Anzahl der Stränge, die vor dem Verdoppeln oder Verdreifachen geflochten und als Führungen oder Parten bezeichnet werden. Achten Sie während dem Binden auf die Entstehung von „Diamant"-Mustern, die Sie später benötigen. Die einfacheren Türkischen Bunde sollten Sie zuerst um Ihre Hand binden und dann um das ausgewählte Objekt legen, wo Sie diese dicht holen können.

Verzeichnis der dekorativen und ausgefallenen Knoten

Drei-Führungen,
Vier-Buchten-Türkischer Bund

Das ist einer der einfachsten Türkischen Bunde. Er hat die Form eines Rings mit drei ge-flochtenen Strängen, die weder Anfang noch Ende zu besitzen scheinen, und vier Buch-ten. Wenn der Ausgangsknoten gebunden wurde, kann man ihm noch einmal folgen, um ihn zu verdoppeln oder zu verdreifachen. Dieser Türkische Bund kann aber nicht nur zu einem Ring, sondern auch zu einer flachen Matte mit erlesenem Muster geflochten wer-den. Ein Türkischer Bund mit drei Führungen und vier Buchten, verdoppelt und flach gebun- den, wie auf der unteren Abbildung, ist das Sym- bol der International Guild of Knot Tyers.

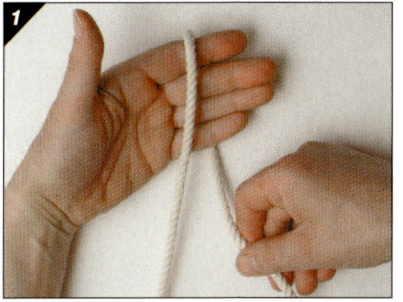

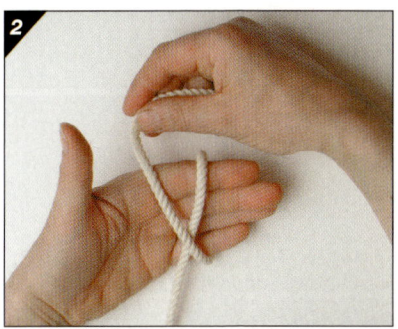

1   Legen Sie die Leine so über Ihre Hand, dass sich die stehende Part vor Ihrer Hand befindet. Die laufende Part sollte lang genug sein, dass sie wenigstens drei oder viermal lose um Ihre Hand geführt werden kann.

2   Kreuzen Sie die laufende über die stehende Part.

3   Führen Sie die lose Part nach hinten um Ihre Hand und wieder nach oben auf die linke Seite der festen Part.

4   Kreuzen Sie die lose Part über die Mitte der beiden Törns.

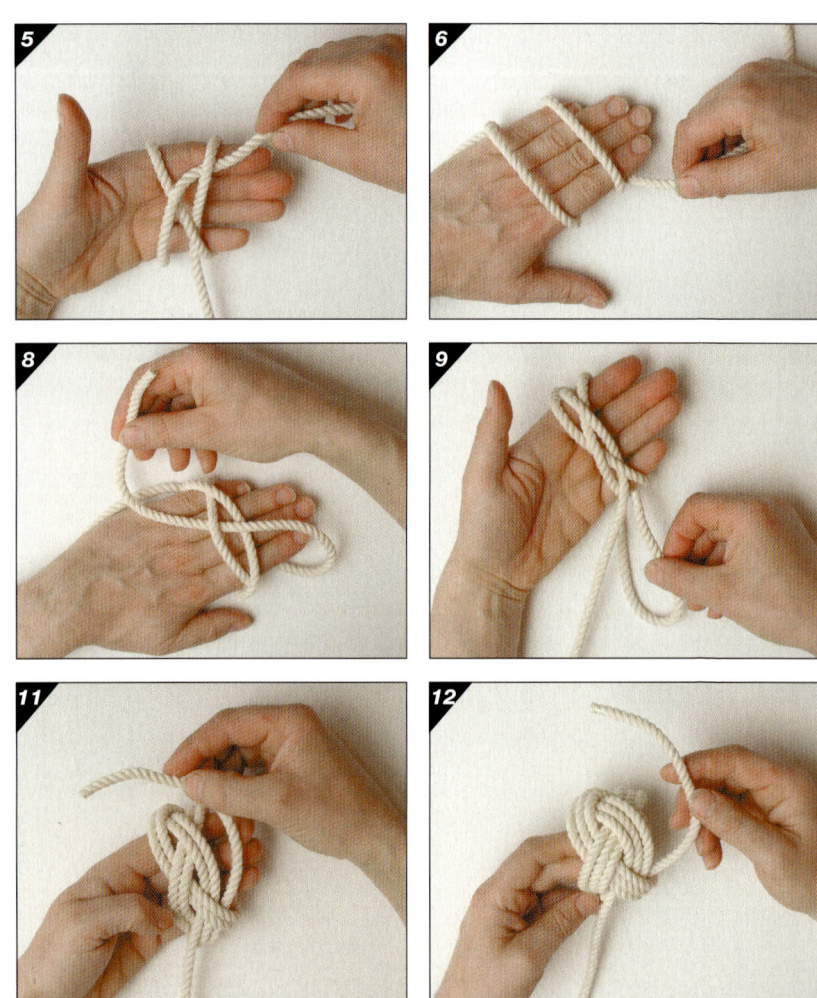

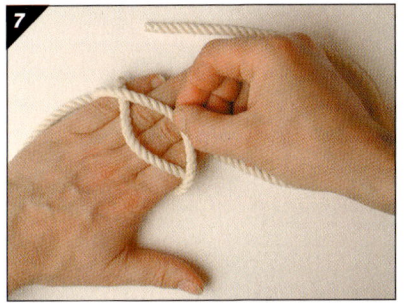

5 Stecken Sie das Arbeitsende unter den rechten Törn. Das ist der Anfang der durchgehenden flachen Flechtung.

6 Drehen Sie Ihre Hand um, damit Sie die beiden Törns auf dem Handrücken sehen.

7 Führen Sie den linken über den rechten Törn, um einen „Diamant" zu bilden. Nun beginnt die Flechtung zu wachsen.

8 Stecken Sie das Arbeitsende unter den nun links befindlichen Törn.

9 Drehen Sie Ihre Hand wieder um. Das Arbeitsende sollte nun auf die stehende Part treffen und somit drei Törns vervollständigen, die eine geschlossene Lage von drei Führungen und vier Buchten bilden.

10 Stecken Sie das Arbeitsende unter, um mit dem Verdoppeln zu beginnen.

11 Der Türkische Bund kann verdoppelt werden. Wenn das Arbeitsende nun zu kurz ist, können Sie den Knoten verdoppeln, indem Sie die stehende Part genau entgegengesetzt führen. Sollten der Knoten um einen Gegenstand gelegt werden, müssen Sie die Lose mit einem Dorn herausarbeiten.

12 Ein wiederholtes Nachfolgen der Führung verdreifacht den Knoten.

13 Der Blick von oben zeigt die vier Buchten des vollendeten Türkischen Bundes.

Drei-Führungen, Fünf-Buchten-Türkischer Bund

Ein etwas anderer Beginn bildet den Ausgangspunkt des Drei-Führungen, fünf-Buchten-Türkischen Bundes. Flicht man ihn mit demselben Material wie die vorange-

gangene Variante, erhält man einen
etwas dickeren Ring. Man kann ihn auch
flach binden, um eine kleine Matte zu
erhalten.

1 Führen Sie die laufende Part um Ihre
Hand und über die stehende Part.
2 Schlagen Sie einen weiteren Törn, sodass die laufende nun rechts von der
stehenden Part liegt.
3 Stecken Sie die stehende Part „unter-
und-über", und legen Sie diese auf
die linke Seite.

4 Drehen Sie Ihre Hand um.

5 Legen Sie einen „Diamant", indem Sie den rechten unter den linken Törn kreuzen.

6 Führen Sie die lose Part durch den „Diamant" und über den rechten Törn.

7 Stecken Sie die lose Part unter den rechten Törn. Beachten Sie, dass Sie somit das geflochtene Muster erzeugen.

8 Drehen Sie Ihre Hand wieder um. Stecken Sie die laufende der stehenden Part nachfolgend unter. Nun können Sie den Türkischen Bund verdoppeln oder verdreifachen.

9 Der verdoppelte fertige Knoten.

Vier-Führungen, Drei-Buchten-Türkischer Bund

Dieser Türkische Bund wird mit einem Würgeknoten (siehe Seite 107) begonnen. Öffnen Sie den Würgeknoten leicht, und führen Sie mit einem Arbeitsende das „Unter-über-unter-stecken" aus. Sie erhalten einen etwas breiteren (Vier-Führungen),

aber im Umfang schmaleren (Drei-Buchten) Türkischen Bund, den Sie verdoppeln oder verdreifachen können.

1 Binden Sie einen Würgeknoten.

2 Führen Sie das Arbeitsende um Ihre Hand, und öffnen Sie einen „Diamant" mit einer Querparte vom unteren Paar Stränge.

3 Stecken Sie das Arbeitsende diagonal „unter-über-unter" durch den „Diamanten". Diesen Schritt kann man sich als das Nachfolgen des „Diamant-Musters" merken.

4 Bringen Sie das Arbeitsende nach hinten um die Hand herum. Folgen Sie dabei der stehenden Part, um mit dem Verdoppeln zu beginnen.

5 Verdoppelter Knoten.

6 Dreifacher Knoten.

Vier-Führungen, Fünf-Buchten-Türkischer Bund

Je mehr Führungen und Buchten ein Türkischer Bund hat, desto komplexer ist der Beginn. Achten Sie während dem Herumführen der Leine um Ihre Hand darauf, wie Sie die „Diamant-Muster" bilden, die Sie unbedingt benötigen, wenn Sie die Matte zu einem geschlossenem Muster flechten möchten. Wenn Sie Schwierigkeiten haben, die Törns festzuhalten, sollten Sie den Knoten vielleicht um einen Kartonzylinder binden und die Leine mit Nadeln feststecken. Flechten Sie diesen Türkischen Bund, wenn Sie ein breiteres Band mit einem größeren Durchmesser bevorzugen. Sollten Sie erst einmal mit dessen Anfertigung vertraut sein, können Sie mit ihm T-Verbindungen schmücken. Da die Zahl der Führungen gerade ist, können Sie zu jeder Seite der Verbindung getrennt werden.

1   Führen Sie die Leine um Ihre Hand, stecken Sie das Arbeitsende einmal durch, und öffnen Sie einen „Diamant".

2   Bringen Sie die Leine um Ihre Hand herum, und stecken Sie diese unter die stehende Part durch den „Diamant". Sie erhalten das „Diamant-Muster" für die folgenden Schritte.

3   Stecken Sie das Arbeitsende nach links „über-und-unter". Sie erhalten ein weiteres „Diamant-Muster". Halten Sie es fest, denn Sie benötigen es für das nächste Einstecken.

4 Führen Sie die Leine um die Hand über die stehende Part. Folgen Sie der Leine diagonal „unter-über-unter" durch das erste „Diamant-Muster".

5 Stecken Sie das Arbeitsende nun nach links „über-unter-über" diagonal durch das zweite „Diamant-Muster".

6 Bringen Sie die Leine nach hinten um die Hand herum, und folgen Sie der stehenden Part im Türkischen Bund nach, um den Knoten zu verdoppeln.

7 Verdoppelter Knoten.

8 Der vollendete Knoten schmückt eine T-Verbindung.

Fünf-Führungen, Vier-Buchten Türkischer Bund

Vom selben Beginn wie beim Drei-Führungen, fünf-Buchten-Türkische Bund ausgehend, wächst dieser zu einer größeren Variante mit fünf Führungen und vier Buchten.

1 Legen Sie mit der Leine einen Törn um Ihre Hand. Kreuzen Sie beim zweiten Törn das Arbeitsende über die stehende Part. Führen Sie die Leine erneut um Ihre Hand, sodass sie rechts von der stehenden Part liegt und den zweiten Törn kreuzt. Sie sind nun bei Schritt 2 des Drei-Führungen, fünf-Buchten-Türkischen Bundes. Stecken Sie die Leine nach links „unter-und-über" durch.

2 Legen Sie einen weiteren Törn, und führen Sie das Arbeitsende der stehenden Part folgend zunächst unter, anschließend über jeweils einen Törn.

3 Drehen Sie Ihre Hand um. Die laufende Part liegt oben. Stecken Sie diese nun „unter-und-über".

4 Führen Sie das Arbeitsende um Ihre Hand, und drehen Sie diese wieder um. Das Arbeitsende sollte rechts von der stehenden Part liegen. Stecken Sie es entlang dem Muster „über-unter-und-über".

5 Drehen Sie Ihre Hand erneut, und arbeiten Sie „unter-über-unter".

6 Drehen Sie Ihre Hand nun wieder zur Handfläche. Sie können den Knoten verdoppeln, indem Sie der Führung mit dem Arbeitsende nachfolgen.

7 Vollendeter Fünf-Führungen, vier-Buchten-Türkischer Bund.

Echte Liebesknoten

Knoten können etwas symbolisieren. In diesem Echte Liebesknoten sind zwei Überhandknoten miteinander verbunden, welche für die Liebe stehen, die zwei Hälften vereint, die sich jedoch noch frei bewegen können. Man findet diesen Knoten in Ringen und Armreifen. Damit dieser Knoten richtig sitzt, muss jeder Knoten das Spiegelbild des anderen sein.

1. Binden Sie einen Überhandknoten (siehe Seite 38) in eine der Leinen.
2. Führen Sie die andere Leine durch den Überhandknoten. Legen Sie in diese ein Auge, indem Sie die lose unter die stehende Part kreuzen, und stecken Sie das Arbeitsende durch das Auge. Sie erhalten einen zweiten, mit dem ersten verbundenen Überhandknoten.
3. Der fertige Knoten neben seinen in Schmuck gearbeiteten Äquivalenten.

Kreuz
des Südens

Bindet man einen Echten Liebesknoten in eine einzelne Leine, kann man ihn durch das Herausziehen von Seitenbuchten zu einem Kreuz des Südens variieren. Dieselbe Methode wird in China und Japan zur Verzierung von Schnurpaaren angewendet. In diesen Ländern ist der Knoten ein Symbol für Glück und Tugend.

1 Binden Sie einen Echten Liebesknoten nahe der Bucht einer Leine.
2 Greifen Sie die miteinander verflochtenen Schlaufen im Überhandknoten.
3 Ziehen Sie diese heraus, um die Arme des Kreuzes zu bilden. Entfernen Sie alle Lose, und holen Sie den Knoten sinnig dicht.
4 Das Kreuz des Südens.

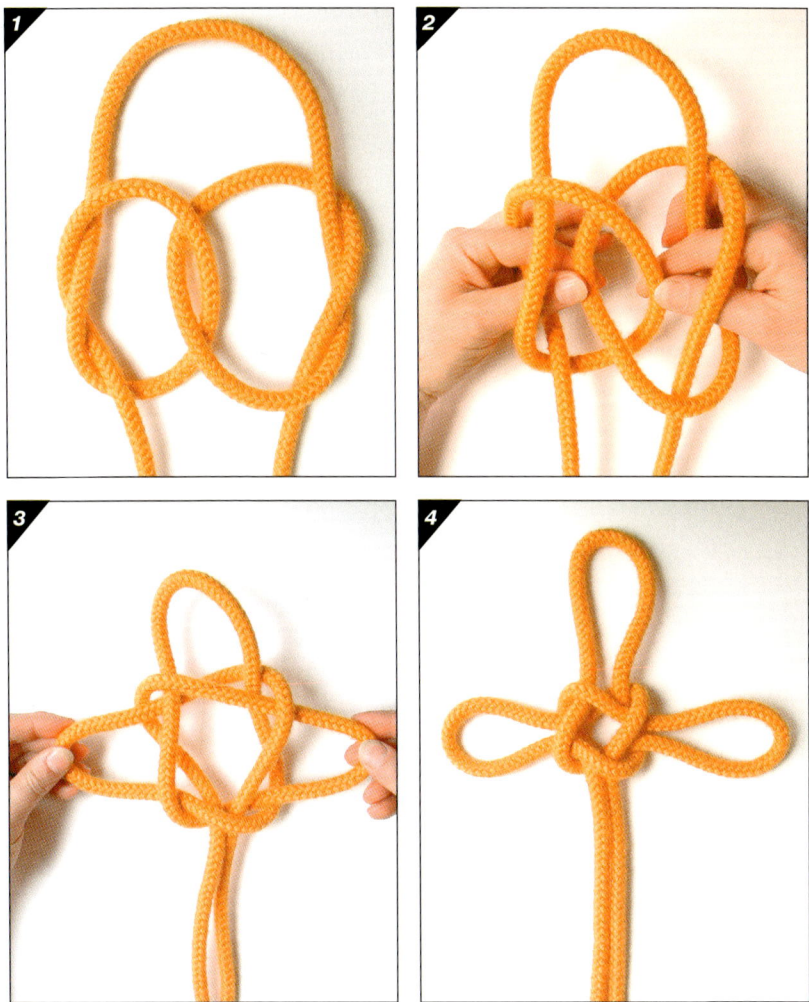

Bootsmannspfeife-Knoten

Dieser Knoten ist unter vielen Namen bekannt: Bootsmannspfeife-Knoten, Marlspieker-Bändselknoten, Bordmesser-Bändselknoten, Zwei-Strang-Diamantknoten und Einzelstrang-Diamantknoten. Für welchen Namen Sie sich auch entscheiden sollten, Sie erhalten einen schönen, aus zwei Leinen gebundenen Knoten. Beachten Sie, dass Sie mit einem Carrick-Knoten beginnen, dessen Arbeitsenden einander diagonal entgegengesetzt liegen.

1 Binden Sie einen Carrick-Knoten (siehe Seite 114), dessen Arbeitsenden an diagonal entgegengesetzten Parten nach oben abstehen.

2 Führen Sie das rechte Arbeitsende entgegen dem Uhrzeigersinn über die linke stehende Part um den Knoten und durch die Mitte des Knotens.

3 Bringen Sie nun das linke Arbeitsende entgegen dem Uhrzeigersinn über die rechte stehende Part um den Knoten herum und durch die Mitte des Knotens.

4 Holen Sie den Knoten dicht. Die Lose müssen Sie eventuell mit einem Dorn herausarbeiten.

Doppelter Boots-
mannspfeife-Knoten

Bevor man die Arbeitsenden durch
die Mitte des Bootsmannspfeife-
Knoten steckt, kann man den
Knoten mit ihrer Hilfe problemlos verdoppeln. Man kann
weitere Knoten binden, nachdem dieser aufgesetzt ist, oder
man kann die Arbeitsenden
sehr kurz verschneiden, um
einen Knopfknoten zu erhalten.

1 Beginnen Sie mit einem Bootsmanns-pfeife-Knoten (siehe Seite 240), halten Sie ihn jedoch lose. Er wird verdoppelt, indem Sie die beiden stehenden Parten im Knoten nachfolgen.

2 Folgen Sie jeweils einer Part bis zur Hälfte des Originalknotens.

3 Bringen Sie den Knoten lose mit Ihren Händen in Form, bevor Sie dem Knoten vollständig folgen. Führen Sie anschlie-ßend die Arbeitsenden durch die Mitte. Die Arbeitsenden sollten um die stehen-den Parten herumführen und in deren Mitte sitzen.

4 Ziehen Sie den Knoten fest, und arbei-ten Sie die Lose heraus.

5 Der vollendete Knoten.

Ozeanmatte

Flache Knoten oder Matten beherrschen die Phantasie einiger Knüpffreunde genauso wie die Türkischen Bunde. Die Ozeanmatte ist für das erstmalige Flechten von Matten gut geeignet. Man beginnt mit einem einfachen Überhandknoten, bearbeitet ihn durch das Herausziehen von Buchten, mit ein paar Drehungen sowie dem Einstecken des Arbeitsendes und erhält ein geschmackvolles Muster. Sie können das Muster während dem Arbeiten mit Nadeln feststecken. Es lässt sich durch das Wiederholen der oben genannten Schritte vergrößern. Nachdem die erste Lage gearbeitet wurde, kann man die Matte durch zwei-, drei- oder mehrmaliges Nachfolgen beenden.

1 Binden Sie mit einem Überhandknoten (siehe Seite 38).

2 Ziehen Sie zwei Buchten nach unten, aus denen die zwei Enden nach oben abstehen.

3 Drehen Sie die Buchten im Uhrzeigersinn.
4 Die Drehung bleibt in den Buchten. Legen Sie die rechte über die linke Bucht.
5 Flechten Sie das rechte Arbeitsende „unter-über-unter-unter-über" in die Führung, so dass es auf der gegenüberliegenden Part herauskommt.
6 Das erste Ende wird in der Mitte zweimal unter gesteckt, damit das zweite Ende dem vollständigen „Unter-über-unter-über-unter-Muster" folgen kann. Die erste Flechtung ist nun komplett.
7 Sie können mit einem Ende das Verdoppeln beginnen.
8 Die verdoppelte Ozeanmatte. Sie könnten sie auch verdreifachen, oder dem Muster sogar vier- bzw. fünfmal folgen, wenn Sie genügend Leine zur Hand haben. Das Herausarbeiten einer gleichmäßigen Form erfordert in jedem Fall viel Sorgfalt.

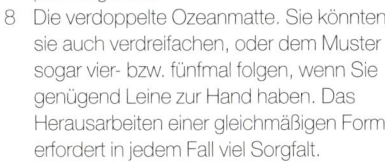

Lange Matte

Binden Sie einen Carrick-Knoten, dessen Arbeitsenden auf derselben Seite liegen, in die Mitte der Leine. Ziehen Sie Buchten heraus, drehen Sie diese, und flechten Sie die Arbeitsenden auf dieselbe Art in die Führung wie bei der Ozeanmatte. Die Lange Matte hat an ihren Seiten eine Bucht oder Schlaufe mehr als die Ozeanmatte. Sie lässt sich auf die schon beschriebene Art „verlängern".

1 Binden Sie einen Carrick-Knoten (siehe Seite 114), dessen Enden auf derselben Seite liegen.
2 Ziehen Sie zwei Buchten heraus.
3 Drehen Sie die Buchten im Uhrzeigersinn.

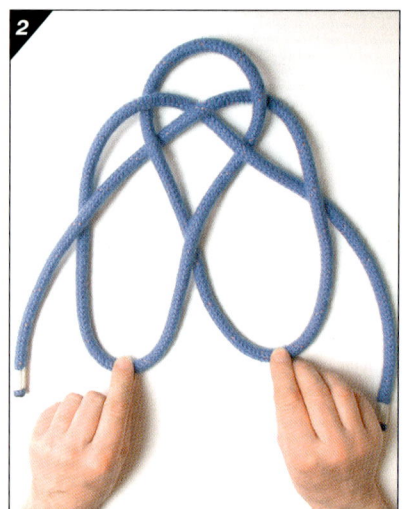

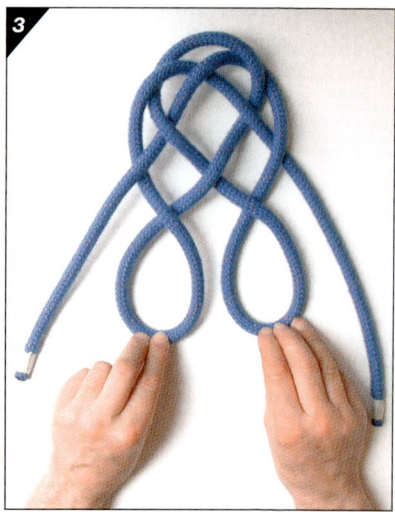

4   Legen Sie die rechte über die linke Bucht.
5   Führen Sie das linke Arbeitsende „unter-
    über-über-unter" und wieder heraus.
6   Flechten Sie das rechte Arbeitsende „über-
    unter-über-unter-über. Folgen Sie dem
    Muster nach, um die Matte zu verdoppeln.
7   Die vollendete Matte.

Dänische-Brezel-Matte

Die aus einer Reihe von Komponenten in Form eines Überhandknotens bestehende Matte wurde von Kai Lund nach dem Zunftzeichen benannt, das vor den Kondito-reien in Dänemark hängt. Eine Matte von der Größe eines Bierdeckels kann man aus etwa 2,7 bis 3,7 Metern eines ca. 32 mm starken Garns herstellen. Für eine kleine Fußmatte benötigt man etwa 27 Meter eines ca. 127 mm starken Garns.

1 Formen Sie die erste Komponente der Matte, indem Sie einen Überhandknoten binden, ohne das Ende durch die Mitte zu führen.

2 Legen Sie die zweite Komponente. Die Leine verschließt somit die untere Querparte.

3 Fahren Sie fort Komponenten zu legen und zu verschließen, bis Sie vier geformt haben. Die fünfte wird in die erste Komponente geflochten, um das Muster zu schließen.

4 Die Matte besteht aus fünf miteinander verwobenen Komponenten. Sie kann nun verdoppelt werden.

5 Das Verdoppeln der Matte.

6 Die vollendete verdoppelte Matte. Sie kann verdreifacht oder sogar vervierfacht werden.

Handbuch Zier- und Gebrauchsknoten

Bekleeden mit Halben Schlägen

Eine einfache Serie miteinander verwo-
bener Halber Schläge ergibt eine dekorative Umkleidung für viele Gegenstände:
von Messergriffen, über Krüge, Nadel-
etuis, Wasserflaschen bis hin zu Fendern. In sehr feines Material können
die Schläge mit einer Nadel gearbeitet
werden, während man sich bei grobem
Material für die größten Schlepperfender
durchaus mit einem langen Dorn oder
Fitt behelfen kann. Sie sollten jedoch
daran denken, dass diese Art der Umkleidung sehr viel Zeit beansprucht.
Viele Leute, die mit dem Bekleeden beginnen, verfallen in Nachlässigkeit, weil
es so lange dauert. Zur Orientierung:
Sie arbeiten sehr gut, wenn Sie in einer
Stunde zwischen 7 und 9 Meter schaffen.
Es gibt viele Möglichkeiten, den Grund-
stich zu variieren, die zu Veränderungen
in Struktur und Aussehen führen. Die
nützlichste von allen ist wahrscheinlich
die Anwendung von einem oder zwei
so genannten „Faulheits-Strängen. Diese
Stränge arbeiten nicht, sondern sorgen
dafür, dass die Umkleidung schneller
wächst.

Weiter auf Seite 252

1 Legen Sie zu Beginn einen Törn um
   den zu bekleedenden Gegenstand, und
   binden Sie einen Halben Schlag in den
   Törn.
2 Bringen Sie weitere Halbe Schläge rund
   um den Törn an.

Der „Faulheits-Strang" kann eine andere Farbe haben als das übrige Arbeitsmaterial. Das verleiht der Flechtung eine kleine Nuance. Mit Halben Schlägen in dieser Technik können Sie fast jede Form umkleiden, indem Sie einfach die Anzahl der Schläge je nach Bedarf erhöhen oder senken. Diese Technik kennt keine Grenzen – außer Ihrer Phantasie.

3 Binden Sie solange Halbe Schläge, bis Sie auf den ersten Halben Schlag treffen. Machen Sie einen Halben Schlag in den Fuß des Ausgangsknotens.

4 Fahren Sie fort, Halbe Schläge in die Füße der ersten Reihe zu binden, bis der Gegenstand umkleidet ist.

5 Wird der Gegenstand an einer Stelle breiter, können Sie die Anzahl der Schläge erhöhen, indem Sie ein Doppelpaar anstatt eines einzelnen Schlages anbringen. Wird der Gegenstand schmaler, lassen Sie einfach einen Schlag aus.

6 Setzen Sie die Arbeit hinter diesen Stellen wie gewohnt fort.

7 Fügen Sie einen „Faulheits-Strang" ein, wenn Sie schneller vorankommen möchten. Die Halben Schläge werden auch um diesen gebunden.

8 Mit Halben Schlägen bekleideter Bugfender eines Schiffes.

Glossar

Arbeitsende Das zum Binden des Knotens verwendete Ende einer Leine.

Aufdrehen Das Trennen der Kardeele eines Taus.

Auge Das Loch innerhalb eines Kreises aus Tauwerk. Feste Schlaufe am Ende einer Leine. Das Loch am Ende eines Anglerhakens.

Bändseln Zwei Taue oder Parten von Tauen mit Garn zusammenbinden.

Bucht Teil einer Leine, der so gelegt wurde, dass eine offene Schlaufe entsteht.

Bunsch Für Lagerzwecke aufgeschossene Leine.

Dorn Allgemeine Bezeichnung für jegliches spitzes Werkzeug zur Bearbeitung von Tauwerk, sei es ein Pfriem, Fitt, Marlspieker, Pricker oder Schwedischer Marlspieker.

Dreikardeeliges Tauwerk Tauwerk, welches aus drei ineinander gedrehten Kardeelen besteht.

Dünnes Gut Allgemeine Bezeichnung für dünnes Tauwerk.

Einstecken Eine Part wird unter einer anderen hindurchgeführt.

Elastikseil Leine mit Kern aus Gummi und geflochtenem Nylonmantel. Es ist sehr dehnbar und wird deswegen auch als Gummiseil bezeichnet.

Faden Dünnes, leicht gedrehtes Tauwerk von weniger als ca. 32 mm Durchmesser.

Festmachen Das Festmachen oder Sichern eines Taus an einem Gegenstand.

Fitt Spitzes hölzernes Werkzeug zum Trennen von Kardeelen beim Spleißen oder zum Formen von Augen, Ringstropps etc.

Garn Zu einem Faden ineinander gedrehte Natur- oder synthetische Fasern.

Geschlagenes Tauwerk Durch ineinander drehen hergestelltes Tauwerk.

Gurtband Flaches, manchmal auch rundes, gesponnenes Gewebe, das von Kletterern zur Herstellung von Schlingen benutzt wird.

Halber Schlag Ein um einen Gegenstand gelegter Kreuztörn. Eine Part wird über die andere gekreuzt. Die Überkreuzung hält die untere Part fest.

Hart geschlagenes Tau Steifes Tauwerk, was sehr straff geschlagen oder geflochten wurde.

Heißleine Leine zum hieven und fieren der Segel.

Kabel Dickes Tauwerk, das durch das Ineinanderdrehen von drei Tauen mit jeweils drei Kardeelen entsteht.

Karabinerhaken Gewöhnlich von Kletterern verwendeter ovaler Metallverschluss oder Verbindung mit einem Schloss, das sich verschrauben lässt.

Kardeel Größerer Bestandteil einer Leine.

Kreuztörn Schlaufe, bei der die über sich selbst gekreuzt wird.

Kreuztörns Auch als Bändseltörns bezeichnete zusätzliche Törns, die in Laschings, Taklinge und Bändsel gelegt werden, um die eigentlichen Törns straff zu ziehen.

Leine Andere Bezeichnung für Tauwerk. Im Allgemeinen jedoch dünneres Tauwerk von weniger als 13 mm Durchmesser.

Mantel Gesponnene Umhüllung für geflochtenes Tauwerk.

Marlspieker Schlankes, spitzes Metallwerkzeug zum Trennen von Kardeelen und Spleißen von Drahttauwerk. Er ist auch zum Lösen von Knoten hilfreich.

Poller Kurzer Holz- oder Metallpfahl an einem Boot, Schiff oder Kai zum befestigen der Vertäuleine.

Pricker Dem Marlspieker ähnliches Werkzeug mit hölzernem Griff.

Ringstropp Fixe / feste Schlaufe im Tauwerk.

Schamfilung Durch Abrieb erzeugter Verschleiß.

Schlag Richtung der Drehung im Tauwerk.

Schlinge Fester Kreis in einer Leine oder in einem Gurtband, der entweder schon vorgefertigt ist oder durch das Verbinden der Enden eines kurzen Stückes Tauwerk mit einem Englischen oder Wasserknoten hergestellt wird.

Schot Leine zur Führung der Segel.

Schwedischer Marlspieker Spitzes Werkzeug mit Hohlkehle und hölzernem Griff zum Spleißen von Tauwerk und Zusammenziehen dekorativer Knoten. Die Bezeichnung geht auf die erste, in Schweden 1949 erfolgte Patentierung zurück.

Segelmacherhandschuh Einem Handschuh ähnlicher Lederriemen mit eingelassener Metallplatte. Man streift ihn über die Hand, wenn man dicke Nadeln durch Tauwerk oder Leinen stechen will.

Sichern Festmachen. Einen Kletterer mit einer Leine, welche die Wucht des Falls dämpft, an einem anderen oder einem fixen Punkt befestigen.

Spiere Hölzerner bzw. metallener Stab.

Stehende Part Der Teil einer Leine, der nicht unmittelbar zum Binden eines Knotens verwendet wird.

Stehendes Gut Nicht beweglicher Teil des Tauwerks auf einem Schiff.

Stopper Ein zu befestigender oder fixer Gegenstand, an welchen ein unter Last stehendes Tau befestigt werden kann.

Stropp Andere Bezeichnung für Schlinge.

Takelage Festes und laufendes Tauwerk eines Schiffes.

Takler Arbeitet an der Takelage (Tauwerk) eines Schiffes.

Takling Aus dünnem Garn hergestellte feste Bindung am Ende eines Stück Tauwerks.

Tauwerk Allgemeiner Begriff zur Bezeichnung für alle Arten und Größen von Leinen.

Törn Eine Leine wird um eine Seite eines Gegenstandes geführt.

Wurfleine Leichte Leine mit beschwertem Ende, die vom Boot zur Rettung einer Person oder zum Befestigen an einer schwereren Leine ausgeworfen wird.

Die International Guild of Knot Tyers

Die 1982 gegründete Innung ist eine eingetragene Bildungseinrichtung mit dem festgeschriebenen Ziel, das Wissen um die Kunst, das Handwerk und die Wissenschaft des Knotens in der Vergangenheit und der Gegenwart zu fördern. Die Innung gibt regelmäßig das Magazin *Knotting Matters* heraus, das alle Mitglieder erhalten. Sie zählt heute weit über tausend Mitglieder in mehr als fünfundzwanzig Ländern. Die Mitglieder treffen sich sowohl in kleineren, lokalen als auch in großen, internationalen Zusammenkünften. Die Mitgliedschaft steht vom Anfänger bis zum Experten jedem offen, der Interesse am Knoten hat. Weitere Informationen sind erhältlich unter:

The Honorary Secretary.
Nigel Harding
16 Egles Grove,
Uckfield,
East Sussex
TN22 2BY England.